Umgang mit Stress und Angstzustän-den Die CBT-Lösung zur Stressbewältigung, Panikattacken und Angstzustände & Alkoholabhängigkeit Auf Deutsch

ursprüngliche Autor dieses Werkes in irgendeiner Weise als haftbar für Komplikationen oder Schäden angesehen werden kann, die ihnen nach der Übernahme der hier beschriebenen Informationen widerfahren.

Darüber hinaus sind die Informationen auf den folgenden Seiten nur zu Informationszwecken gedacht und sollten daher als universell betrachtet werden. Wie es ihrer Natur entspricht, werden sie ohne Zusicherung hinsichtlich ihrer verlängerten Gültigkeit oder vorläufigen Qualität präsentiert. Erwähnte Marken werden ohne schriftliche Zustimmung verwendet und können in keiner Weise als Billigung des Markeninhabers angesehen werden.

Inhaltsverzeichnis

Umgang mit Stress und Angstzuständen Die CBT-Lösung zur Stressbewältigung, Panikattacken und Angstzustände Auf Deutsch / Stress und Angst auf Deutsch

Kapitel 1: Einführung in das CBT

Die kognitive Verhaltenstherapie (Cognitive Behavioral Therapy, CBT) hat in den letzten Jahren als Lösung für Angst-, Stress- und Panikattacken enorm an Popularität gewonnen, wodurch die Notwendigkeit von Medikamenten weitgehend entfällt. Der Verzicht auf Medikamente eliminiert auch die schädlichen Nebenwirkungen - und sogar die Möglichkeit, eine Abhängigkeit zu entwickeln.

Die kognitive Therapie konzentriert sich darauf, Ihre Überzeugungen und Denkmuster zu verändern, die mit Stress, Angst oder Panikattacken verbunden sind oder diese auslösen. Mit der CBT werden Sie darauf trainiert zu verstehen, dass Ihre Überzeugungen Gedanken produzieren, die Gedanken Gefühle erzeugen und die Gefühle dann Verhalten hervorrufen. Einfach ausgedrückt-alles spielt sich im Kopf ab.

Sie können Ihren Stress oder Ihre Angst minimieren oder sogar eliminieren, indem Sie einfach Ihre Wahrnehmungs- und Denkmuster ändern - sogar bevor das betreffende Thema behandelt wurde. Das sagt Ihnen, dass es möglich ist, dass zwei Menschen denselben negativen Umständen ausgesetzt sind, wobei der eine ruhig und friedlich bleibt, während der andere in Sorge und Angst versinkt. Was macht den Unterschied aus? Es sind ihre Überzeugungen und Gedanken.

Insbesondere die Verhaltenstherapie setzt Sie Ihren Ängsten in einer sicheren Umgebung aus, so dass Sie lernen können, wie Sie diese Auslöser erreichen können. Nehmen wir an, Sie haben Angst davor, in das Büro Ihres Vorgesetzten zu gehen und Ihre Unzufriedenheit über Ihren Arbeitsplatz auszudrücken. Beginnen Sie damit, diese Angst zu analysieren. Was ist das Schlimmste, was passieren kann? Wird der Vorgesetzte Sie abweisen oder anschreien - oder Sie als Aufwiegler abstempeln? All dies sind Möglichkeiten, aber es kann auch sein, dass sie überhaupt nicht eintreten.

Machen Sie einen Plan, um Ihrer Angst zu begegnen. Schreiben Sie genau auf, mit was Sie bei der Arbeit unzufrieden sind. Umreißen Sie Ihre Punkte mit Klarheit und ohne Voreingenommenheit. Buchen Sie dann einen Termin mit dem Vorgesetzten. Wenn Sie in einem etwas freiberuflichen Umfeld arbeiten, können Sie die Formalitäten umgehen und direkt an seine Tür klopfen. Setzen Sie sich hin und erklären Sie in aller Ruhe, warum die einzelnen Punkte angesprochen werden müssen - und beobachten Sie die Reaktion.

Es wird sicherlich Schweißausbrüche geben, aber Sie werden das Büro mit einem Gefühl der Stärke verlassen und Ihren kleinen Sieg feiern, dass Sie den ersten Schritt getan haben. Danach wird Sie der Gedanke, Ihre Senioren anzusprechen, nicht mehr entwaffnen. Dies ist nur ein Beispiel - Sie können die gleiche Technik durchaus auch auf Ihre anderen Ängste anwenden und die Reaktion sehen. Oftmals werden die schlimmsten Szenarien, die Sie in Ihrem Kopf heraufbeschworen haben, gar nicht erst eintreten. In Zukunft können Sie sich auf diesen Vorfall berufen, um sich daran zu erinnern, dass Sorgen nichts lösen - Handeln löst nichts.

Im Allgemeinen bezieht sich die CBT auf eine Reihe von Therapien, die versuchen, die kritische Rolle von Überzeugungen und Selbstbewusstsein für die Emotionen, Gedanken und Handlungen eines Individuums hervorzuheben.

Was können Sie von Therapiesitzungen erwarten?

CBT-Sitzungen sind, wie jedes andere Training auch, zeitgebunden. Sie zielen darauf ab, Sie zu trainieren, rückschrittliches Denken loszuwerden und sich positiveren Gedanken zuzuwenden. Wenn dies erreicht ist, meist nach etwa 15 Sitzungen, können Sie dann das Gelernte in die Praxis umsetzen.

Der Therapeut arbeitet mit Ihnen zusammen, um die Probleme zu identifizieren, die Ihnen Stress, Angst und/oder Panikattacken verursachen. Wie haben Sie in der Vergangenheit versucht, mit diesen Problemen umzugehen? Ihre Antwort wird Ihnen helfen, Ihre Überzeugungen, Wahrnehmungen, Ihr Denken und Ihre Fähigkeiten zur Problemlösung zu beurteilen. Sie werden dann zu besseren Techniken im Umgang mit den Problemen angeleitet.

Vorteile des CBT

CBT führt Ihr Gehirn in eine neue, andere und besser informierte Art und Weise ein, die Welt und sich selbst zu sehen. Sie verändert Sie von innen heraus. Das ist so viel mehr, als sich mit dem vorliegenden Thema zu befassen. Bei anderen Therapien wird die Aufmerksamkeit auf das Problem gerichtet. Nehmen wir ein Beispiel, bei dem es um Scheidung geht. Die Aufmerksamkeit wird auf die besonderen Vorkommnisse einer Scheidung gelenkt - die Erinnerungen werden auseinander gerissen, um herauszufinden, was passiert ist und wie das Opfer sich dabei gefühlt hat, und dann wird nach einer Lösung gesucht. Das CBT verfolgt einen anderen Ansatz, nämlich die Wahrnehmung des Opfers gegenüber dem Vorfall zu verändern und eine neue Sichtweise zu schaffen. Das Opfer erwirbt Fähigkeiten, die es auch in Zukunft anwenden kann. Für den Fall, dass es erneut vor Herausforderungen steht, wird es auf eine neue Person treffen, die besser darauf vorbereitet ist, damit umzugehen.

Sie lernen, Ihr Denken zu kontrollieren. Manchmal, wenn es mit Stress, Angst oder Panik konfrontiert wird, scheint das Gehirn ein Eigenleben zu entwickeln. Ihre Gedanken bekommen einen Adrenalinkick und rasen umher und finden oft keine sinnvolle Lösung. CBT lehrt Sie, Ihr Denken zu kontrollieren. Genauso wie Sie Ihre Schritte kontrollieren und entscheiden, ob Sie langsam gehen oder schnell rennen, können Sie auch Ihre Gedanken kontrollieren. Wenn Sie ein Problem zur Hand haben, können Sie langsamer gehen und rational und klar denken, und das erhöht Ihre Chancen, eine Lösung zu finden und dabei ruhig zu bleiben.

Ihre Überzeugungen über sich selbst verschieben sich in Richtung des Positiven. Dieses Leben mit all seinen Höhen und Tiefen kann Sie so einschüchtern, dass Sie sich selbst als schwach, verletzlich und unfähig betrachten. Mit der Zeit werden diese Vorstellungen ein Teil von Ihnen. CBT hilft Ihnen dabei, sich mit positiven Gedanken zu bestätigen und Sie daran zu erinnern, dass Sie stark, mutig und fähig sind. Das stärkt Ihr Selbstvertrauen und versetzt Sie in eine bessere Position, um mit zukünftigen Herausforderungen fertig zu werden.

Sobald Sie lernen, mit Stress, Angst und Panik umzugehen, gehen Sie entspannter und ruhiger durchs Leben. Diese Emotionen können Verwüstungen in Ihrem Leben anrichten, Sie zu einem Gefangenen Ihrer Gedanken machen und Sie nach Belieben herumschleudern. Wenn Sie lernen, besser damit umzugehen und damit umzugehen, können Sie sich auf stabilere Tage freuen.

Sie lernen, positive Ergebnisse vom Leben zu erwarten. Wenn Ihre Vergangenheit von so vielen Problemen geplagt war, lernen Sie, genau das zu erwarten. Da Sie anziehen, was Sie denken, erleben Sie am Ende noch mehr negative Umstände. Mit positiven Gedanken lernt man, angenehme Dinge zu erwarten. Sie ändern

Ihr Verhalten, um jemandem zu entsprechen, der gute Dinge erwartet. Wie Sie glauben, so werden sie Ihnen gewährt. In den folgenden Kapiteln werden Sie verschiedene Praktiken kennen lernen, die Ihr Leben zum Besseren verändern werden.

Kapitel 2: Dekodierung von Stress und Angstzuständen

Stress und Angst haben mehrere Symptome gemeinsam - so sehr, dass die Begriffe oft synonym verwendet werden. Manchmal ist man sich nicht sicher, woran man leidet, da die Symptome ineinander greifen können.

Stress tritt auf, wenn der Körper einem externen Auslöser ausgesetzt ist, und ist meist eine vorübergehende Erfahrung. Sobald der Auslöser bewältigt ist, verschwindet der Stress. Stress kann in manchen Fällen sogar positiv sein. Wenn Sie zum Beispiel einen engen Zeitplan einhalten müssen und eine Menge Arbeit zu erledigen haben, kann der daraus resultierende Stress einen Adrenalinkick auslösen, der dafür sorgt, dass Sie tatsächlich pünktlich um die Arbeit konkurrieren. Sie hätten schwören können, dass Sie diese Aufgabe in der vorgegebenen Zeit nicht schaffen würden, bis Sie da sind.

Stress kann Sie auch dazu treiben, eine drastische Entscheidung zu treffen, zu der Sie vorher nicht den Mut hatten - wie zum Beispiel, wenn Ihr Chef Ihnen gegenüber eine harte, respektlose Bemerkung macht und Sie sich dabei ertappen, wie Sie das Kündigungsschreiben verfassen, das Sie monatelang vermieden haben.

Auf der anderen Seite, was oft der Fall ist, ist anhaltender Stress schädlich für Ihren Geist und Körper. Wenn der Druck von außen zu groß wird und Sie Schwierigkeiten haben, damit fertig zu werden, beginnen sich die negativen Auswirkungen zu manifestieren. Der Druck könnte hier von ungelösten Problemen im Zusammenhang mit Ihrer Arbeit, Ihren Finanzen, Ihrer Ehe,

Ihren Beziehungen, Ihrem Verlust, Ihrer Familie, Ihrem Geschäft und so weiter herrühren.

Symptome von Stress

Emotionale Symptome

Wenn der Stress auf Ihnen lastet, beginnen Sie reizbar und launisch zu werden. Sie werden ohne besonderen Grund auf jeden und alles wütend sein. Niemand ist gerne mit einer launischen Person zusammen, und die Menschen um Sie herum werden Sie im schlimmsten Fall meiden und Sie im besten Fall tolerieren. Wenn Sie sich ihnen nicht anvertrauen, was vor sich geht, da auch Sie sich dessen vielleicht nicht bewusst sind, werden sie Sie mit ähnlicher Verachtung behandeln, was Ihren Stress noch verschlimmert.

Die daraus resultierende Frustration wird dazu führen, dass Sie andere meiden. Sie werden sich von gesellschaftlichen Zusammenkünften fernhalten und bei jeder sich bietenden Gelegenheit die Arbeit/Schule schwänzen. Jetzt verlieren Sie die Gelegenheit, Ihre Probleme mit jemandem zu besprechen, der Ihnen vielleicht eine Lösung anbieten kann, und Sie haben am Ende viel länger mit dem Stress zu kämpfen.

Stress verwandelt Ihren Verstand in ein Schlachtfeld, auf dem Sie Ihre Gedanken hin- und herwerfen und versuchen, eine Lösung zu finden. Sie werden feststellen, dass es Ihnen schwer fällt, den Geist zur Ruhe zu bringen. Die Gedanken überwältigen Sie, und Sie haben das Gefühl, dass Sie außer Kontrolle geraten. Mit einer solchen Negativität in Ihnen kann es sein, dass Sie schließlich unter einem niedrigen Selbstwertgefühl leiden und sich oft schwach, einsam, wertlos und unattraktiv fühlen.

Körperliche Symptome

Längerer Stress wirkt sich auf so viele Arten auf den Körper aus. Kopfschmerzen gehören zu den häufigsten Anzeichen für den Beginn einer Stressphase. Die Schmerzen sind im Hinterkopfbereich schlimmer und erstrecken sich bis in den Nacken. Wenn der Konflikt ungelöst bleibt, nehmen die Kopfschmerzen in Häufigkeit und Intensität zu. Zu Beginn können die üblichen schmerzunterdrückenden Tabletten wirken - aber mit der Zeit werden Sie stärkere Medikamente benötigen, bis nichts mehr zu wirken scheint.

Stress senkt auch das Immunsystem, und Sie leiden an Beschwerden, die Sie noch nie oder zumindest nicht so häufig hatten. Es kann sein, dass Sie mit Erkältungen, Magenbeschwerden, Verstopfung und sogar Durchfall zu kämpfen haben. Zusammen mit der reduzierten Energie tragen die opportunistischen Beschwerden nur dazu bei, eine bereits angespannte Situation noch weiter zu belasten.

Sie können Perioden nervösen Schwitzens und Zitterns erleben, besonders wenn der Auslöser in der Nähe ist. Ihr Herz wird schnell schlagen, und Sie werden spüren, wie sich alles zusammen auflöst. Häufig kommt es auch zu Kieferkrämpfen, meist unbewusst, als ob Sie innerlich den Mut aufbringen, die Qualen in Ihrem Geist zu verarbeiten.

Stress stört Ihre Libido, besonders bei Männern. Ihr sexuelles Verlangen nimmt ab oder verschwindet ganz. Bei Männern kann es zu vorzeitiger Ejakulation oder erektiler Dysfunktion kommen. Wenn Sie sich mit einer Kombination dieser Symptome konfrontiert sehen, wenn Sie in Ihrem Leben unter Druck stehen, dann ist es an der Zeit, Hilfe zu suchen.

Verhaltenssymptome

Stress verändert Ihr Verhalten auf verschiedene Weise. Fangen wir mit Ihrem Appetit an. Er kann auf beide Arten beeinflusst werden, so dass Sie am Ende zu viel oder zu wenig essen. Wenn Sie zu wenig essen, verringern Sie Ihre Energie weiter, und Sie werden sich selbst bei den grundlegendsten Aufgaben schwer tun. Wenn der Stress Ihr Verlangen und Ihren Hunger verursacht, werden Sie wahrscheinlich zu viel essen, vor allem zuckerhaltige und fetthaltige Fastfood-Produkte zu sich nehmen, um sich zu trösten. Schon bald werden Sie vielleicht mit Übergewicht und den damit verbundenen gesundheitlichen Problemen zu kämpfen haben.

Der Schlaf wird ebenfalls unterbrochen, sowohl in qualitativer als auch in quantitativer Hinsicht. Während Sie früher jede Nacht gut geschlafen haben, wälzen Sie sich jetzt stundenlang im Bett herum und können keinen erholsamen Schlaf finden.
Ihre Tage werden mit Negativität gefärbt sein und Sie werden kaum noch etwas Angenehmes sehen, auch nicht in Dingen, die Ihnen vorher gefallen haben.

Auch Ihre Arbeit leidet darunter, da Sie sich über einen längeren Zeitraum nicht mehr auf eine einzige Aufgabe konzentrieren können. Ihr Urteilsvermögen wird getrübt sein, und es wird Ihnen schwer fallen, Entscheidungen zu treffen. Es besteht die Versuchung, Aufgaben immer wieder aufzuschieben und sich generell um jeden Preis der Verantwortung zu entziehen.

Diese Symptome sehen sicherlich düster aus, aber es gibt definitiv Hoffnung am Ende des Tunnels. Da Stress das Ergebnis eines bestimmten identifizierbaren Drucks ist, kann man ihm begegnen, indem man das Problem in Ordnung bringt oder zumindest seine

Gedanken darauf richtet, dass man sich besser auf die Veränderungen einstellen kann.

Symptome von Angstzuständen

Ängste sind oft eine Folge von Stress. Es ist eine ständige Sorge um die Zukunft, die auf meist negativen Möglichkeiten wohnt. Während Stress die Sorge über das Geschehene ist, ist Angst die ständige Sorge darüber, was passieren könnte.
Leichte Angst ist normal - Sie spüren sie am ersten Schultag Ihres Kindes, vor einer Präsentation, bei einem Vorstellungsgespräch und so weiter. An dieser Form der Angst gibt es nichts auszusetzen, und sie verschwindet, sobald man die jeweilige Aufgabe bewältigt hat.

Angst wird zur Besorgnis, wenn man sich ständig Sorgen macht, auch wenn man die genaue Ursache der Sorge nicht erkennen kann. Selbst wenn Sie in der Lage sind, die Quelle des Unbehagens zu erkennen und damit umzugehen, verschwindet die Angst nicht. Sie schwebt einfach über Ihrem Kopf und erinnert Sie daran, dass es schlimmer werden könnte.

Die meisten Symptome der Angst ähneln denen von Stress. Andere sind ganz anders und halten tendenziell länger an, da die Angst nicht verschwindet, sobald der Auslöser beseitigt ist, wie es bei Stress der Fall ist.

Übermäßige Sorge

Wenn Sie unter Angst leiden, werden Sie sich übermäßig über jede Kleinigkeit Sorgen machen und Bilder von Worst-Case-Szenarien in Ihrem Kopf heraufbeschwören. Das macht es schwer, sich auf eine Aufgabe zu konzentrieren, da Ihre Gedanken rasen und sich auf nichts Bestimmtes festlegen. Dadurch wird Ihr tägliches Leben unterbrochen, was es schwierig macht, mit Menschen zu interagieren oder etwas Sinnvolles zu tun.

Erregung

Haben Sie auch ohne besondere Provokation Wutausbrüche? Sie werden schreien, nach Leuten schnappen, mit Dingen werfen, und selbst dann werden Sie sich nicht besser fühlen. Wenn überhaupt, wird die Aufregung in Ihrem Kopf nur noch zunehmen. Leider treibt eine solche Haltung auch die Menschen von Ihnen weg und verringert die Chancen, die Hilfe zu bekommen, die Sie brauchen.

Ruhelosigkeit und Müdigkeit

Diese beiden scheinen wie ein Widerspruch zu sein. Eine unruhige Person sollte sich bewegen und die eine oder andere Aufgabe versuchen. Eine ermüdete Person hingegen legt sich wahrscheinlich ohne viel Energie hin, um etwas zu erledigen. Wie können die beiden dann zusammen gehen? Nun, bei Ängsten passiert es tatsächlich. Sie sind unruhig, laufen oft auf und ab und berühren die eine oder andere Aufgabe, bekommen aber kaum etwas erledigt. Sie werden sich körperlich und geistig müde fühlen, unfähig, sich auf eine bestimmte Sache zu konzentrieren. Am Ende des Tages werden Sie sich einfach nur die Zeit vertreiben, ohne etwas Sinnvolles zu erreichen.

Muskelspannung

Angst führt zu kurzen, flachen Atemzügen - und als Folge davon haben Sie am Ende zu wenig Sauerstoff im Blutkreislauf. Dies führt zu Muskelverspannungen. Die Verspannung fühlt sich wie Müdigkeit an, vor allem, wenn man lange in einer Position ist, als säße man stundenlang im Büro. Letztendlich führt die Verspannung zu Schmerzen. Sie können eine vorübergehende

Linderung erzielen, indem Sie die Muskeln regelmäßig anspannen und entspannen.

Einsamkeit

Angst treibt Sie von den Menschen weg. Wenn Sie früher gesellig waren und Ihnen jede Ausrede einfallen würde, um nicht an Ihrer Tür vorbeizukommen, könnten Sie unter Angst leiden. Sie wird Sie mit Sorge erfüllen und Bilder von negativen Szenarien malen, die sich ergeben könnten, wenn Sie da draußen sind. Was, wenn die Leute Sie nicht mögen? Was, wenn sie sich darüber lustig machen, wie Sie aussehen? Was, wenn Sie versuchen, vor Menschen zu sprechen, und es Ihnen peinlich ist? Die Stimmen in Ihrem Kopf werden Sie mit all diesen Sorgen erfüllen, und es wird Ihnen schwer fallen, aus dem Haus zu gehen.

Panikattacken

Eine Panikattacke ist ein intensives, überwältigendes Gefühl der Angst. Sie baut sich schlagartig auf und kann von Zittern, Schwitzen, Hyperventilation, Engegefühl in der Brust und Übelkeit begleitet sein. Eine Panikattacke kann dazu führen, dass man plötzlich die Kontrolle verliert. Für einen Beobachter können Sie den Eindruck erwecken, als hätten Sie einen Herzinfarkt. Achten Sie auf die Schritte, die Sie bei einem Herzinfarkt unternehmen müssen und die in einem anderen Kapitel behandelt wurden.

Selbst wenn Sie diese Symptome behandelt haben, ist es manchmal schwer zu sagen, wann Sie unter Stress und Angst leiden. Ist es nicht ganz normal, sich Sorgen zu machen? Ich bin nur etwas beunruhigt über einige Probleme, aber ich bin nicht wirklich krank. Vielleicht versuchen Sie zu rationalisieren, wie Sie sich fühlen, nur damit Sie nicht in die Kategorie der Menschen fallen, die unter psychischen Problemen leiden. Das kann gefährlich sein, da die Emotionen, wenn sie unkontrolliert bleiben, zu Depressionen führen können.

Wenn Sie sich nicht sicher sind, wie Sie sich in letzter Zeit gefühlt oder verhalten haben, fragen Sie einen vertrauenswürdigen Freund. Haben Sie Gelegenheiten gemieden, an denen Sie früher teilgenommen haben? Gibt es enge Freunde, mit denen Sie schon lange nicht mehr gesprochen haben? Haben Sie eine merkliche Verhaltensänderung gezeigt? Vielleicht haben Sie diese Signale übersehen oder gerechtfertigt, aber jemand von außen kann das erkennen.

Vielleicht haben sich die Menschen um Sie herum, einschließlich Ihrer Familie, gefragt, wie Sie an Ihre Verhaltensänderung herangehen sollen, aber sobald Sie sie um ihre ehrliche Meinung bitten, öffnen Sie einen Kanal für eine Diskussion, in der Sie sehen können, dass Sie die Hilfe erhalten, die Sie brauchen.

Gewöhnen Sie sich an, Tagebuch zu führen. Wenn Sie das Gefühl haben, mit niemandem sprechen zu können, legen Sie es weg. Schreiben eliminiert das Element des Beurteilten. Es birgt auch Ihre Geheimnisse für Sie, Themen, die Sie niemandem sonst erzählen möchten.

Das Lesen Ihres eigenen Tagebuchs kann zu einer Selbstdiagnose führen. Schauen Sie sich Ihre Denkmuster und Ihr Verhalten über einen bestimmten Zeitraum an und stellen Sie ein Muster fest, das Auskunft darüber gibt, was sich an Ihnen verändert hat. Wenn Sie eine negative Veränderung bemerken, ist das definitiv ein Grund zur Besorgnis.

Sie können auch mit einem Spezialisten sprechen, der sich mit den Themen Stress und Angst gut auskennt. Ein Therapeut wird selbst aus den kleinen Dingen, die Sie vielleicht ignorieren, Hinweise herauspicken. Die meisten Menschen vermeiden es, mit einem Berater zu sprechen, da sie sich nicht verhört fühlen oder in ihre Privatsphäre eingedrungen sein wollen. Sie sind angenehm überrascht, dass Therapeuten Ihnen sanfte Leitfragen stellen und Sie sich aus eigenem Antrieb öffnen.

Es ist nicht neu, Stress und Angst zu erleben. Es geht darum, sich zu bemühen, mit ihnen umzugehen und sie in Schach zu halten, wann immer es möglich ist. Ganz gleich, ob Sie bereits unter den Beschwerden leiden oder ob Sie dieses Buch als Präventikonsmaßnahme lesen, Sie werden viele Techniken finden, die Sie anleiten.

Kapitel 3: Stressbewältigung

Positive Wege der Stressbewältigung

Die Quelle von Stress identifizieren

Können Sie herausfinden, was Sie belastet? Manchmal ist die Ursache ganz einfach: eine gescheiterte Beziehung, eine Scheidung, ein unangenehmer Job, Rechnungen und so weiter. In anderen Fällen kann man nicht wirklich sagen, was die Spannungen verursacht - zumindest nicht, bis man kritisch darüber nachdenkt. Manchmal schleicht sich der Stress langsam aber stetig an Sie heran, so dass Sie, wenn Sie die Spannung bemerken, nicht wirklich sagen können, wann sie begonnen hat.

Wenn Sie zu dieser zweiten Gruppe gehören, ist diese Gruppe für Sie. Analysieren Sie Ihre Situation mit dem Ziel, das Muster Ihrer Anspannung festzustellen. Wie lange sind Sie schon unglücklich? Wenn Sie das nicht herausfinden können, dann fragen Sie: Wann war ich das letzte Mal wirklich glücklich? Es könnte Monate oder sogar Jahre her sein. Was hat das geändert? Wann begannen die Freude und die Zufriedenheit nachzulassen?

Oft merkt man, dass eine gute Situation allmählich nachlässt, und die Anspannung setzt nach und nach ein und erwischt einen fast unvorbereitet. Sie hätten in einer glücklichen Ehe sein können, die Dinge verschoben sich langsam. Sie hätten mit Ihrer Arbeit zufrieden sein können, dann beanspruchte sie mit der Zeit immer mehr von Ihrer Zeit. Es hätte Ihnen finanziell gut gehen können, aber die Ausgaben stiegen mit den Fortschritten Ihrer Kinder in der Schule. Solche langsamen Veränderungen erhöhen nach und nach Ihren Stress, bis Sie kaum noch erkennen können, wann es angefangen hat. Wenn Sie Ihre Situation analysieren und die

Ursache des Stresses feststellen, werden Sie bei der Bewältigung des Stresses einen Schritt voraus sein.

Was muss sich ändern?

Wenn Sie Ihre Stressquelle identifiziert haben, stellen Sie fest, was sich ändern muss, und finden Sie den Mut, diese Veränderung einzuleiten. Wir schwelgen oft in Unbehagen, nur weil es uns vertraut ist. Entschließen Sie sich, die Angst vor Veränderungen zu überwinden und sich an einen besseren Ort zu begeben.

Wenn Sie einen stressigen Job haben, sprechen Sie mit Ihrem Chef oder Ihrer Chefin über die Anpassung Ihrer Arbeitsbedingungen. Wenn die Dinge nicht besser zu werden scheinen, können Sie ebenso gut in Erwägung ziehen, aus dem Job auszusteigen. Sie können einen Job mit besseren Bedingungen finden oder Ihr eigenes Unternehmen gründen.

Dasselbe gilt für Beziehungen. Wenn Ihnen das Festhalten mehr Schmerzen bereitet als das Loslassen, ist es vielleicht an der Zeit, Schluss zu machen. Die Belastung in einer Beziehung, die nicht funktioniert, ist schlimmer als allein zu sein. Nehmen Sie sich die Zeit, sich wieder mit sich selbst zu verbinden und sich an Ihre Ziele, Träume, Visionen und Ihren Lebenszweck zu erinnern. Sie sollten mit Klarheit in die nächste Beziehung gehen und genau wissen, was Sie zu geben und zu empfangen erwarten.

Wenn es um Ihre Finanzen geht, dann müssen Sie zusätzliche Einkommensquellen finden. Nehmen Sie einen zweiten Job an. Sorgen Sie dafür, dass Ihr Ehepartner ebenfalls arbeitet. Erkunden Sie Möglichkeiten, online zu arbeiten. Wenn kein zusätzliches Geld zur Verfügung steht, sollten Sie in Betracht ziehen, Ihre Ausgaben zu kürzen.

Dies sind nur einige Beispiele für die Änderungen, die Sie vornehmen können. Bestimmen Sie die Anpassung, die Sie je nach Ihren individuellen Umständen vornehmen müssen. Wenn Sie mutig genug sind, die Änderung vorzunehmen, fühlen Sie sich gestärkt - ein guter Ausgangspunkt für Ihre Reise in ein stressfreies Leben.

Täglich ausspannen

Jeder Tag bringt seine eigenen Herausforderungen mit sich. Diese Dinge belasten Ihren Geist, Ihr Herz und Ihren Körper und führen zu Stress, wenn Sie sich aufbauen müssen. Finden Sie etwas Angenehmes und Entspannendes, das Sie am Ende des Tages tun können, um Ihren Geist von den Problemen abzulenken, die Sie gerade durchmachen. Lassen Sie ein altes Hobby wieder aufleben. Oder suchen Sie sich ein neues Hobby. Nehmen Sie sich jeden Tag Zeit für die eine Tätigkeit, die Ihnen so viel Freude bereitet, dass Sie kaum spüren, wie die Zeit vergeht. Das könnte sein: einen Film/Dokumentarfilm/Sport ansehen, gute Musik hören, lesen, kochen, nähen, zeichnen, malen, meditieren, Gartenarbeit, Radfahren und so weiter.

Steigern Sie die Aktivität eine Stufe höher, indem Sie sich ein Ziel setzen. Sie können sich zum Beispiel dafür entscheiden, jede Woche ein Buch zu lesen. Oder in 10 Tagen eine neue Zeichen-/Maltechnik erlernen. Oder jeden Tag 2 Kilometer Rad fahren. Wie wäre es, wenn Sie im nächsten Monat einen neuen Satz Gemüse/Blumen anbauen würden?

Das Setzen eines Ziels verschiebt Ihre Energie. Sie sind jetzt damit beschäftigt, eine Strategie zu entwickeln, wie Sie das Ziel erreichen können. Treten Sie einer Gemeinschaft von anderen Enthusiasten bei. Sie könnte in Ihrer Nachbarschaft oder sogar online sein. Das eröffnet Ihnen eine ganz neue Ebene - Sie können sich mit anderen

Menschen austauschen, Tipps geben, sich gegenseitig zur Verantwortung ziehen, Ihre Fähigkeiten erweitern, an Wettbewerben teilnehmen und möglicherweise lebenslange Freundschaften schließen. Ganz gleich, was sonst noch in Ihrem Leben passiert, Sie werden immer etwas haben, worauf Sie sich freuen können.

Ihnen Priorität einräumen

Egal, wie verrückt sich die Dinge um Sie herum anfühlen, nehmen Sie sich Zeit für sich selbst. Trainieren Sie. Wählen Sie eine Form der körperlichen Betätigung, die Ihnen Spaß macht. Sie können gehen, joggen, laufen, Rad fahren, schwimmen, Aerobic machen und so weiter. Machen Sie es wenn immer möglich im Freien, die Sehenswürdigkeiten und Geräusche der Natur sind Therapie an sich. Wenn Sie sich drinnen aufhalten, legen Sie Musik auf und tanzen Sie, manchmal auch kräftig, bis Sie ins Schwitzen kommen.

Essen Sie gesunde, ausgewogene Mahlzeiten. Verzichten Sie auf verarbeitete Fastfood-Produkte und entscheiden Sie sich für frische Lebensmittel. Stress kann Ihnen die Energie rauben, und gesundes, nahrhaftes Essen ist genau das, was Sie brauchen, um sich zu ernähren. Gesundes Essen hält Sie auch von der Krankheit fern. Sie wollen definitiv nicht das verschlimmern, was Sie mit Ihrer Krankheit plagt. Falls Sie bereits mit dem einen oder anderen Gesundheitsproblem zu kämpfen haben, hilft Ihnen eine gesunde Ernährung, die Krankheit besser in den Griff zu bekommen und Ihren körperlichen und geistigen Frieden zu stärken.

Sich qualitativ und quantitativ ausreichend ausschlafen. Sie können 8 Stunden lang im Bett liegen, doch den größten Teil dieser Zeit verbringen Sie damit, sich hin und her zu werfen und mit den Gedanken in Ihrem Kopf zu kämpfen. Sobald Stress Ihren Schlaf stört, werden Sie am nächsten Tag müde sein und kaum noch in der Lage sein, eine sinnvolle Aufgabe zu erfüllen. Das verstärkt den Stress nur noch, nicht wahr? Dann hält der Stress Sie wieder einmal davon ab, zu schlafen, und die Abwärtsspirale geht einfach weiter. Schlafen Sie mit dem, was Ihnen gut tut - Lesen, Musik, ein entspannendes Bad und so weiter. Nach einer guten Pause sind Sie wach und besser in der Lage, mit den Dingen umzugehen, die Ihnen Stress bereiten.

Sie müssen nicht zulassen, dass das, was Sie fühlen, nach außen reflektiert wird. Achten Sie auf Ihre Hygiene und Pflege. Lassen Sie sich eine neue Frisur machen. Fügen Sie Ihrer Garderobe einige neue Stücke hinzu. Erhalten Sie eine Nachricht. Oder lassen Sie sich eine Gesichtsbehandlung zukommen. Leuchten Sie von außen. Wenn Ihnen das, was Sie im Spiegel sehen, gefällt, werden Sie selbstbewusster sein, da rauszugehen und Dinge geschehen zu lassen.

Verwalten Sie Ihre Zeit

Wenn Sie das Gefühl haben, immer mit Tonnen von Dingen herumzulaufen, die Sie erledigen müssen, müssen Sie auch hier einige Änderungen vornehmen. Verbringen Sie zu viel Zeit bei der Arbeit und haben kaum Zeit für etwas anderes? Vielleicht müssen Sie nach effizienteren Wegen suchen, um die Arbeit zu erledigen, damit Sie nicht so lange brauchen. Es könnte eine Software oder eine App geben, mit der die Arbeit schneller erledigt werden kann. Delegieren ist auch eine Option. Wie wäre es, wenn Sie manchmal von zu Hause aus arbeiten, damit Sie die Zeit nutzen können, die sonst im Verkehr verbracht wird?

Was die anderen Aufgaben betrifft, erstellen Sie eine Aufgabenliste für die Woche und teilen Sie diese in tägliche Aktivitäten auf. Beginnen Sie Ihre Tage früh, damit Sie mehr erledigen können. Es gibt Aufgaben, die nur Sie erledigen können.

Besuchen Sie zum Beispiel die Elternversammlung in der Schule Ihres Kindes. Andere, wie Einkaufen, können Sie delegieren. Sie müssen eigentlich nicht alles machen. Lagern Sie aus, was von anderen erledigt werden kann. Nutzen Sie Online-Dienste. Lassen Sie Ihre Familienmitglieder sich beteiligen und helfen. Sonst werden Sie jeden Tag herumrennen, aber Sie werden kaum Zeit für sich selbst haben.

Lernen Sie, nein zu sagen. Sie müssen sich nicht schuldig fühlen, wenn Sie Grenzen setzen. Manchmal haben Sie gerade genug zu tun, und Sie müssen respektvoll Nein zu anderen Einladungen sagen. Sie können nicht überall sein. Man kann es nicht allen recht machen. Das mag einige Bekannte verärgern, aber so ist das Leben.

Mit jemandem sprechen

Ein Problem, das mit dem rechten Ohr geteilt wird, ist in Wirklichkeit ein halb gelöstes Problem. Sie müssen Ihre Probleme nicht ganz allein bekämpfen. Das Sprechen an sich ist therapeutisch - Sie fühlen sich leichter, noch bevor Sie beginnen, die möglichen Optionen zu diskutieren. Sie können sich auch selbst zuhören, wenn Sie das Problem skizzieren. Es ist möglich, ein Problem so lange im Kopf zu bekämpfen, es aber nie auszusprechen. Wenn Sie es einfach nur laut aussprechen, erhalten Sie eine gewisse Klarheit.

Sprechen Sie mit einem Freund, Familienmitglied, Kollegen oder Bekannten. Stress trübt Ihr Urteilsvermögen und Ihre Argumentation, was es noch schwieriger macht, Lösungen für die Stressoren zu finden. Jemand anderes, der Ihnen zuhört und die Situation kritisch untersucht, ist besser in der Lage, Ihnen zu helfen, einen Ausweg zu finden.

Wenn Sie es vorziehen, mit einem Fremden zu sprechen, stehen Ihnen professionelle Berater online und offline zur Verfügung. Sie sind darin geschult, mit unterschiedlichen Persönlichkeiten in einer Vielzahl von Angelegenheiten umzugehen, und schlagen Ihnen mögliche Wege vor, die Sie aus dem Stress herausführen. Dies ist eine gute Option, wenn Sie möchten, dass Ihre Informationen vertraulich bleiben.

Denken Sie daran, dass die Antwort letztendlich bei Ihnen liegt. Diejenigen, mit denen Sie sprechen, können Sie nur anleiten und ermutigen, aber der Weg liegt in Ihrer Hand.

Sinnvolle Beziehungen bilden
Wie wir oben diskutiert haben, gehören Sie vielleicht zu den Menschen, die das Gefühl haben, niemanden zum Reden zu haben, obwohl sie Gesellschaft haben. Es gibt Menschen um Sie herum, aber Sie fühlen sich mit keinem von ihnen genügend verbunden, um Ihre Themen zu teilen.

Das Zeitalter der sozialen Medien hat unsere Beziehungen wankelmütig gemacht. Sie verbringen Stunden damit, online mit allen möglichen Menschen zu interagieren, und doch ist keiner von ihnen in Ihrer Nähe. Erschwerend kommt hinzu, dass die Menschen im Social-Media-Flussmodus im Grunde nur die beste Illusion von sich selbst vermitteln. Jeder scheint es zu schaffen. Man stöbert durch Tonnen von Hochglanzbildern von Gleichaltrigen in scheinbar großartigen Jobs, schicken Häusern und Autos, bildschönen Beziehungen und so weiter. Dann schaut man sich sein Leben an, die Themen, die einen plagen, und man hat das Gefühl, ganz unten im Rudel zu stehen.

Jenseits der Oberfläche kämpfen die meisten dieser Menschen mit Problemen, genau wie Sie. Sie treten meist nur für das Gram auf, wie viele von uns. Sie müssen diesen Druck der sozialen Medien nicht ertragen, um sich messen zu können. Erinnern Sie sich, dass wir darüber sprachen, Veränderungen vorzunehmen? Das könnte eine der drastischen Veränderungen sein, die Sie vornehmen müssen.

Sperren oder deaktivieren Sie sogar Ihre Social-Media-Konten. Gehen Sie offline und nehmen Sie wieder Kontakt zu Ihrer Familie, Ihren Freunden, Nachbarn, Kollegen und Bekannten auf. Sprechen und hören Sie ihnen zu. Lernen Sie ihre Persönlichkeiten, Träume, Philosophien, Hobbys, Hobbys, Schmerzen usw. kennen, während Sie Ihre Träume zum Ausdruck bringen. Lassen Sie sie zu Ihrem Unterstützungssystem werden, selbst wenn Sie Teil des ihren werden. Der ständige Austausch mit Menschen, die sich wirklich um Sie kümmern, wird Ihren Stress definitiv verringern.

Negative Wege der Stressbewältigung

Alkohol/Drogen

Diese werden Sie nur für eine kurze Zeit stimulieren, dann lässt die Wirkung nach, so dass Sie nicht nur mit Ihren Problemen, sondern auch mit den Nebenwirkungen leben müssen. Sie werden Krankheiten, Sucht, Entzugserscheinungen usw. ausgesetzt sein, die die Situation nur noch verschlimmern werden.

Über-/Unterernährung

Verschiedene Menschen reagieren unterschiedlich auf Stress. Einige werden essen und essen - andere werden kaum einen Bissen zu sich nehmen. Übermäßiges Essen wird wahrscheinlich zu Übergewicht und den damit verbundenen Gesundheitsproblemen führen. Unterernährung wird Ihnen die

Energie entziehen, die Sie brauchen, um Ihren Alltag zu bewältigen - ganz zu schweigen von Ihrem Stress.

Verschlafen

Es gibt diejenigen, die ihre Tage im Bett verbringen werden, mit geschlossenen Vorhängen, die kaum zwischen Tag und Nacht unterscheiden. Was wird dadurch gelöst? Gar nichts! Die Flucht vor Ihren Problemen ins Schlummerland wird sie nicht bewegen, sie werden noch da sein, wenn Sie endlich aus dem Bett rollen.

Übermäßiger Nachsicht

Wir sprachen von Hobbys als eine Möglichkeit, mit Stress umzugehen, aber wenn man zu viel nachgibt, ist auch das ein Problem. Man kann Filme anschauen oder Videospiele spielen, aber bestimmt nicht den ganzen Tag. Es geht darum, Ihnen für einige Zeit eine positive Ablenkung zu verschaffen, und nicht darum, Sie zu einem Stubenhocker zu machen. Letztendlich müssen Sie sich bemühen, diese Komfortzone zu verlassen und sich den Dingen zu widmen, die Ihnen Stress bereiten.

Kapitel 4: Angstreduktion und -management

Meistern Sie Ihre Gedanken

Angst ist alles in Ihrem Kopf, der auf den wahrgenommenen negativen Folgen verschiedener Situationen beruht. Wenn die Sorge kommt, können Sie sie vorübergehen lassen, ohne sich selbst zu schaden. Wie jemand sagte: "Halten Sie die Vorder- und Hintertür offen. Lassen Sie die Sorgen kommen und gehen. Servieren Sie ihnen einfach keinen Tee." Verweilen Sie nicht bei ihnen. Denken Sie an sie wie an die Wolken, die vorbeiziehen, wenn Sie sie in einem Moment sehen und im nächsten Moment sind sie vorbei.

Sollte die Angst andauern, können Sie die negativen Gedanken in positive umwandeln. Denken Sie daran, dass Ihre Gedanken letztlich Ihr Verhalten beeinflussen. Wenn Sie denken, dass Sie an Ihrem Arbeitsplatz von niemandem gemocht werden, werden Sie sich auch so verhalten. Sie werden sich isolieren, arbeitsbezogene Ereignisse überspringen und bei jeder sich bietenden Gelegenheit die Arbeit versäumen. Letzten Endes wird Ihre Leistung darunter leiden.

Was wäre, wenn Sie sich einreden würden, dass Sie an Ihrem Arbeitsplatz kompetent und ein Gewinn für das Unternehmen sind? Ihr Handeln wird von dieser Vorstellung geleitet sein. Sie werden pünktlich zur Arbeit kommen. Sie werden mit Elan arbeiten und sich bemühen, ein gutes Verhältnis zu Ihren Kollegen aufzubauen. Sobald Sie Ihre Gedanken vom Negativen ins Positive verschieben, sickert das auf alles andere, was Sie tun, herunter.

Identifizieren Sie die zugrunde liegenden Probleme

Was macht Ihnen wirklich Sorgen? Denken Sie kritisch darüber nach. Die Probleme könnten mit Ihrer Arbeit, Ihren Finanzen, Ihrer Ehe, Ihren Beziehungen, Ihrer Gesundheit und so weiter zu tun haben. Gibt es etwas, was Sie tun können, um die Situation zu verbessern? Nun, ergreifen Sie Maßnahmen. Schon ein kleiner Schritt in Richtung auf eine Lösung ist ermächtigend und gibt Ihnen den Anstoß, den Sie brauchen, um sich Ihren Sorgen zu stellen.

Wenn Sie in Ihrem Job unglücklich sind, sprechen Sie mit einem Berufsberater, wenn auch online. Erkunden Sie Ihre Möglichkeiten. Können Sie an Ihrem Arbeitsplatz eine bessere Position bekommen? Können Sie einige Aufgaben delegieren, die Ihrer Meinung nach nicht für Sie geeignet sind? Können Sie sich nach einer anderen Stelle umsehen? Oder können Sie Ihr eigenes Unternehmen gründen? Wie wäre es, wenn Sie wieder zur Schule gehen und sich mehr Fähigkeiten aneignen würden, um Ihre Marktfähigkeit zu verbessern? Brainstorming. Wägen Sie Ihre Optionen ab - die Vor- und Nachteile jeder einzelnen. Wenn Sie anfangen, Maßnahmen zu ergreifen, ersetzt Klarheit die Ängste.

Identifizieren Sie die Auslöser

Wird Ihre Angst durch einen bestimmten Anblick, ein Geräusch oder eine Erinnerung beschleunigt? Identifizieren Sie die Auslöser, damit Sie sie vermeiden können, oder wissen Sie zumindest, wie Sie darauf reagieren sollen. Nehmen wir an, Sie sind nach einer Scheidung in einen Sorgerechtsstreit verwickelt. Jedes Mal, wenn Sie eine E-Mail oder einen verpassten Anruf des Anwalts sehen, überkommt Sie Angst. Was, wenn ich meine Kinder verliere? Was ist, wenn ich hohe Unterhaltszahlungen für meine Kinder leisten muss? Nun, das könnte der Fall sein; oder auch nicht. Dies ist ein Problem, dem Sie sich stellen müssen. Sie können ihm nicht entkommen. Sie können sich nur überlegen, wie Sie mit diesem speziellen Auslöser umgehen können. Zum Beispiel können Sie den Anwalt anweisen, dass die gesamte Kommunikation an einem bestimmten Wochentag, zum Beispiel am Samstag, stattfinden soll. Sie verbringen dann diesen Tag damit, sich mit diesem Thema zu beschäftigen, dann wissen Sie, dass Sie vor der nächsten Sitzung eine ganze Woche Frieden haben.

Einige Auslöser können vermieden werden. Wenn das Fahren auf einer bestimmten Straße Sie wegen eines bestimmten Unfalls beunruhigt, können Sie eine alternative Route wählen. Oder lassen Sie jemand anderen fahren.

Sobald Sie mit den Auslösern vertraut sind, werden Sie entsprechend reagieren und vermeiden, von der Angst überwältigt zu werden.

Lenken Sie Ihre Aufmerksamkeit auf etwas, das Ihnen Spaß macht Eine positive Ablenkung wirkt schnell und beruhigt den Geist. Hören Sie Musik, sehen Sie sich einen Film an, lesen Sie ein Buch, zeichnen Sie, malen Sie, stricken Sie, kochen Sie, gärtnern Sie, tanzen Sie, spielen Sie ein Instrument oder tun Sie das, was Sie sonst noch glücklich macht.

Wenn eine solche Aktivität körperliche Bewegung bietet, ist sie doppelt so hilfreich. Ein aktiver Körper produziert das Wohlfühlhormon Endorphin, das Sie glücklich, erfrischt und entspannt macht und Ihr allgemeines Wohlbefinden verbessert. Wählen Sie eine Form der Bewegung, die Ihnen Spass macht und auf die Sie sich freuen. Das kann Walking, Jogging, Laufen, Radfahren, Schwimmen, Aerobic, Yoga und so weiter sein.

Bewegen Sie sich im Freien, wann immer Sie können. Die heilende Kraft der Natur wird nie alt. Spüren Sie die Brise im Haar, die Wärme der Sonne und den moschusartigen Geruch von als Erde. Bringen Sie einen Hauch von Natur in unser Haus, indem Sie Topfpflanzen halten. Öffnen Sie die Fenster - lassen Sie Wind und Sonnenschein herein. Wenn Sie Ihre Sinne in die Natur eintauchen lassen, wird die Angst nur ein entferntes Gefühl sein.

Genügend Schlaf bekommen

Wenn die Angst Sie nachts wach hält, wie es oft der Fall ist, wird sie den Zustand nur noch verschlimmern, indem sie zur Müdigkeit beiträgt. Versuchen Sie, einen Zeitplan aufzustellen. Untersuchungen zeigen, dass Sie besser schlafen, wenn Sie jede Nacht zur gleichen Zeit zu Bett gehen. Sie können einen Abendplan wie Sport, Abendessen, Duschen und Schlafen in dieser Reihenfolge jeden Tag haben.

Achten Sie sowohl auf die Qualität als auch auf die Quantität des Schlafs. 8 Stunden Tiefschlaf werden empfohlen. Wenn Sie sich im Bett wälzen und drehen und dem Lärm in Ihrem Kopf lauschen, zählt das kaum als sinnvoller Schlaf. Sie werden noch müde aufwachen, dann wird der vor Ihnen liegende Tag für Ihren Geist und Körper hart sein und zu noch mehr Angst führen.

Zusätzlich zu dem festen Zeitplan können Sie den Schlaf mit Musik, Lesen, einem Schaumbad, dem Dimmen von Licht oder was immer für Sie in Frage kommt, herbeiführen. Ein ausgeruhter Geist sieht einem neuen Tag mit Klarheit entgegen und hält sich Ängste vom Leib.

Nehmen Sie den Fokus von sich ab

Verlassen Sie Ihre Komfortzone und seien Sie jemand anderem behilflich. Nehmen Sie an Initiativen zur Verbesserung des

Gemeinwesens teil. Helfen Sie ehrenamtlich in einem Obdachlosenheim, einem Waisenhaus für Kinder oder einem Altersheim mit. Dort draußen werden Sie mit Menschen zu tun haben, deren Situation so viel schlimmer ist, und Sie werden sich mit Ihren Problemen auseinandersetzen und sie scheinen zu schrumpfen.

Es gibt so viele Menschen da draußen, denen es schlechter geht. Sind Sie mit der Miete im Rückstand? Nun, zumindest haben Sie ein Haus. Machen Sie eine Scheidung durch? Wenigstens haben Sie die Chance zu lieben und im Gegenzug geliebt zu werden. Manche haben noch nie eine so besondere Beziehung gehabt. Fällt es Ihnen an Ihrem Arbeitsplatz schwer? Wenigstens haben Sie einen Job.

Sich Zeit für die weniger Glücklichen in der Gesellschaft zu nehmen, erinnert Sie daran, wie viel Sie wirklich haben. Anstatt sich Sorgen darüber zu machen, was in der Zukunft passieren könnte, zählen Sie jetzt Ihren Segen und können nicht anders, als dankbar zu sein für alles, was Ihnen das Leben geschenkt hat.

Verbessern Sie Ihr Selbstwertgefühl

Soziale Ängste kommen oft von einem Ort, an dem man sich nicht gut genug fühlt. Am Ende meidet man Menschen und gesellschaftliche Zusammenkünfte. Stellen Sie sich einige offene Fragen über Ihre Ängste. Was ist das Schlimmste, was passieren kann? Wovor genau haben Sie Angst?

Stellen Sie sich vor, dass Sie ein Gespräch mit Ihren Schulkameraden oder Kollegen beginnen. Fürchten Sie sich davor, sich schlecht auszudrücken und nicht verstanden zu werden? Dann arbeiten Sie an Ihrer Kommunikation. Haben Sie Angst, dass Sie nichts Wichtiges zu sagen haben? Dann arbeiten Sie an Ihren Inhalten, so dass Sie mit den relevanten Informationen vertraut sind. Denken Sie daran, dass die Möglichkeit besteht, dass mit Ihnen und der Art und Weise, wie Sie kommunizieren, alles nur eingebildet ist. Gehen Sie hinaus und lassen Sie sich von der Rezeption anleiten, wie Sie vorgehen sollen.

Bemühen Sie sich, präsentabel zu sein. Achten Sie auf Ihre Hygiene und Körperpflege. Ziehen Sie sich dem Anlass entsprechend an. Besorgen Sie sich neue Outfits. Oder eine neue Frisur. Alles, was Ihr Selbstvertrauen stärkt, verringert Ihre sozialen Ängste und ermöglicht Ihnen eine sinnvolle Interaktion mit Ihren Mitmenschen.

Entspannungsübungen lernen

Es gibt einfache Dinge, die Sie tun können, um angesichts einer Welle der Angst ruhig zu bleiben. Tief durchzuatmen ist die einfachste von allen, und das können Sie überall tun. Verlangsamen Sie Ihre Atmung, nehmen Sie sich Zeit zum Einatmen, halten Sie den Atem an und atmen Sie ebenso langsam aus. Innerhalb weniger Atemzüge werden Sie spüren, wie sich Ihre Muskeln entspannen und sich der Herzschlag stabilisiert, wenn mehr Sauerstoff durch Ihren Blutkreislauf strömt.

Schließen Sie die Augen, besonders wenn Ihre unmittelbare Umgebung die Angst verschlimmert. Stellen Sie sich vor, Sie befinden sich an einem ruhigen, angenehmen Ort wie einem Picknickplatz. Überlegen Sie sich, wie jeder Ihrer Sinne die Szenen wahrnehmen würde. Stellen Sie sich vor, Sie säßen auf dem Gras neben Ihrem Picknickkorb, umgeben vom Grün, über dem Wolken schweben. Stellen Sie sich vor, Sie hören die Vögel zwitschern. Und den Duft frischer Sandwiches, die aus Ihrem Korb kommen. Stellen Sie sich vor, Sie liegen mit dem Kopf auf einem Kissen und lesen Ihren Lieblingsroman. Öffnen Sie jetzt Ihre Augen. Viola! Der ängstliche Moment ist vorbei.

Angst verursacht oft Muskelverspannungen. Entspannen Sie Ihre Muskeln, indem Sie eine Muskelgruppe nach der anderen anspannen und dann loslassen. Beginnen Sie mit Ihren Füßen und gehen Sie den ganzen Weg nach oben. Mit der Zeit werden Sie lernen, den Beginn einer Muskelanspannung zu erkennen und rechtzeitig das Nötige zu tun.

Yoga, Meditation, Musiktherapie und Aromatherapie sind ebenfalls Entspannungstechniken, mit denen Sie diesen ängstlichen Moment überwinden können. Die Einzelheiten sind in einem anderen Kapitel erläutert worden. Experimentieren Sie mit den Entspannungstechniken, um herauszufinden, was für Sie am besten funktioniert.

Beratung

Wenn diese ständigen Angstzustände unbeaufsichtigt bleiben, können sie sich zu chronischer Angst entwickeln, die zu einem festen Bestandteil Ihres Lebens wird und häufig zu anderen Gesundheitszuständen führt. Ein professioneller Berater kann Ihnen helfen, die Quelle Ihrer Angst zu identifizieren, die Auslöser zu erkennen und geeignete Schritte zur Linderung der Erkrankung einzuleiten.

Es besteht die Möglichkeit, mit einem Freund oder einem Familienmitglied zu sprechen, aber das ist in der Regel ein einmaliges Gespräch. Es wird ein emotionales Gespräch sein, Tränen, Schulterklopfen, Umarmungen, und das war's.

Das Gespräch mit einem Fachmann stellt sicher, dass es ein Follow-up gibt. Es wird formelle Sitzungen geben, in denen Sie über Ihre Ängste und Sorgen sprechen werden. Der Therapeut wird Ihnen helfen, sie zu dekonstruieren und diejenigen, die Sie ändern können, von denen zu trennen, gegen die Sie nichts tun können. Beruht Ihre Sorge auf etwas, das Sie ändern können? Nun, dann fangen Sie an zu handeln. Wenn es etwas ist, das Sie nicht ändern können, dann arbeiten Sie darauf hin, es zu akzeptieren und sich darauf einzustellen.

Achtsamkeit

Widerstehen Sie dem Drang, sich über die Zukunft zu streiten, und konzentrieren Sie sich stattdessen auf die Gegenwart. Nehmen Sie sich Zeit, Ihre Umgebung wahrzunehmen. Wenn Sie zum Beispiel in Ihrem Haus sind, schauen Sie sich die Anordnung Ihrer Möbel an. Wie wäre es, wenn Sie die Möbelstücke für ein neues Aussehen neu anordnen? Beginnen Sie damit, sie in Ihrem Kopf neu zu positionieren. Passt der Bücherschrank in diese Ecke? Wie wäre es, wenn Sie die Couch näher an das Fenster stellen? Und diese Kissen könnten eine andere Farbe vertragen.

Hören Sie sich den Klang der Musik aus der Stereoanlage an. Versuchen Sie, die gespielten Instrumente zu erraten. Wie wäre es mit den Gerüchen, die aus der Küche kommen? Welche Gewürze könnten das sein? Lassen Sie Ihren Geist von dem, was direkt vor Ihnen liegt, verzehren. Nicht was geschehen könnte, sondern was geschieht, und hier hat Angst keinen Platz.

Einer Unterstützungsgruppe beitreten

Der Träger des Schuhs weiß, wo er drückt, oder? Wer unter Angst leidet, hat die beste Chance zu verstehen, was man durchmacht. Einige, die keine ständige Angst erlebt haben, verstehen nicht, dass es sich tatsächlich um einen Zustand handelt. Sie fragen sich, warum man nicht einfach aufhören kann, Angst zu haben. Wenn Sie nicht in der Lage sind, es zu erklären, werden Sie sich höchstwahrscheinlich in Ihren Kokon zurückziehen und weiter gegen die Sorgen ankämpfen, die Ihren Verstand plagen.

In einer Selbsthilfegruppe werden Sie sich wie zu Hause fühlen. Sie werden anderen zuhören, wie sie ihre Erfahrungen beschreiben, und manchmal werden Sie das Gefühl haben, dass sie Ihnen Ihre genaue Situation schildern. Wenn Sie merken, dass Sie nicht allein sind, wird es Ihnen leichter fallen, sich zu öffnen. Sie können dann Ideen, Bewältigungsmechanismen, Heilmittel und so weiter austauschen. Hier können Sie auch Freunde finden, die Ihnen in der Stunde der Not immer zur Seite stehen werden.

Vermeiden Sie die Versuchung, sich auf die schnelle Lösung einzulassen. Alkohol, Drogen und Koffein können Ihnen vielleicht eine sofortige Linderung verschaffen, aber sie ist nur vorübergehend und wird die Situation auf lange Sicht noch verschlimmern. Streben Sie ein langsames, aber sicheres Vorankommen an, bei dem Sie sich grundlegend mit Ihren Wahrnehmungen und Gedanken befassen, und die positiven Auswirkungen werden sich schließlich in Ihrem Kopf niederschlagen. Angst muss Ihr Leben nicht beherrschen; Sie können damit umgehen und Ihr Leben ungestört weiterführen.

Kapitel 5: Setzen Sie Ihren ängstlichen Verstand zurück

Lassen Sie die Sorge zu

Im ersten Fall, wenn Ihnen ein ängstlicher Gedanke durch den Kopf schießt, können Sie versuchen, ihn zu blockieren und dadurch noch mehr Angst zu verursachen. Geben Sie dem Ganzen Zeit, aber nicht zu viel. Tatsächlich schlagen einige Experten vor, dass Sie eine "Sorgenzeit" einplanen sollten, in der Sie tatsächlich kritisch darüber nachdenken, was Sie beunruhigt.

Wenn Sie zum Beispiel mit Rechnungen im Rückstand sind, sollten Sie Ihre Finanzen kritisch betrachten. Schauen Sie sich Ihre Einnahmen und Ausgaben an. Geben Sie mehr aus, als Sie einnehmen? Können Sie an Ihrem derzeitigen Arbeitsplatz mehr verdienen, indem Sie Überstunden machen oder zusätzliche Aufgaben übernehmen? Können Sie einen zweiten Job bekommen? Können Sie einige Online-Jobs bekommen, die Sie in Ihrer Freizeit ausüben können? Wenn Sie im Moment nicht mehr Geld verdienen können, dann reduzieren Sie Ihre Ausgaben. Lassen Sie das Unnötige weg. Planen Sie, wie Sie Ihre Rechnungen begleichen können - mit welcher Rechnung Sie anfangen, wie viel Sie jeden Monat bezahlen müssen und so weiter.

Sehen Sie? Sie haben Ihre "Sorgenzeit" genutzt, um sich etwas Konstruktives einfallen zu lassen - einen Plan. Nun erinnern Sie sich jedes Mal, wenn diese besondere Sorge in Ihrem Kopf zu schweben beginnt, daran, dass Sie einen Plan haben.

Wenden Sie die gleiche "Sorgenzeit" auch auf andere Dinge an. Meistens werden Sie sich über Dinge Sorgen machen, die noch nicht geschehen sind - oder bei denen Sie nicht sicher sind, dass sie geschehen werden - und dann werden Sie feststellen, dass Sie Ihren Verstand mit "Was wäre, wenn" belasten. Wie im obigen Fall werden Sie sich fragen: Was ist, wenn ich keine Miete zahlen kann und aus meinem Haus rausgeworfen werde? Was, wenn ich mein Kreditkartenlimit erreicht habe? Was, wenn ich mir nicht einmal das Nötigste leisten kann?

Erinnern Sie sich noch einmal daran, dass Sie einen Plan haben. Lenken Sie Ihre Gedanken auf das Positive. Ich werde alle meine Rechnungen pünktlich bezahlen. Ich werde mehr verdienen. Ich werde meine Kreditkartenschulden bezahlen. Nach der 'Zeit der Sorgen' kommt eine Zeit der Klarheit und Ruhe.

Zeitschrift

Schreiben Sie in dem Moment, in dem die Angst Ihren Verstand zu beherrschen scheint, genau auf, was Sie fühlen. Wahrscheinlich haben Sie einen Notizblock auf Ihrem Telefon, überbrücken Sie das und greifen Sie zu einem physischen Notizbuch. Es liegt Kraft darin, den Stift zu halten und die Tinte auf einer Seite laufen zu lassen.

Wenn Sie schreiben, haben Sie den Eindruck, Ihren Geist zu entladen. Im Gegensatz zum Gespräch mit jemandem, bei dem Sie vielleicht Angst haben, einige Dinge zu erwähnen, können Sie hier alles entladen. Sie werden spüren, wie die Last mit jedem Satz leichter wird.

Wenn die ängstlichen Momente vorbei sind, können Sie das, was Sie geschrieben haben, noch einmal überdenken und analysieren. Oft werden Sie feststellen, dass die Situation nicht so schlimm ist, wie sie sich angefühlt hat. Was Ihnen all diese Sorgen bereitet, ist mehr Wahrnehmung als Realität. Sie werden auch den Auslöser der Angst feststellen und besser darauf vorbereitet sein, sich ihr beim nächsten Mal zu stellen.

Im Augenblick leben

Angst ist im Grunde genommen das Nachdenken über die Zukunft und darüber, was passieren könnte. Jedes Mal, wenn Ihr Geist versucht, in diese ungewisse Zukunft zu reisen, ziehen Sie ihn in die Gegenwart zurück. Nehmen Sie Ihre Umgebung wahr. Die Anblicke, Geräusche und Gerüche. Wenn Sie sich in einer vertrauten Umgebung befinden, die nichts Neues zu bieten hat, treten Sie hinaus. Das Draußen funktioniert in solchen Momenten hervorragend.

Lassen Sie Ihre Sinne wachsam sein. Nehmen Sie sich Zeit, um die Dinge wahrzunehmen, die Sie noch nie zuvor bemerkt haben. Schauen Sie auf die Bäume, die Schatten, den Himmel. Lauschen Sie dem Vogelgezwitscher. Atmen Sie den moschusartigen Geruch der Erde ein. Wenn Ihre Sinne im Moment erlahmen, wird die Angst in weite Ferne gerückt sein.

Lenken Sie sich selbst ab

Richten Sie Ihre Aufmerksamkeit auf etwas, das Ihnen Spaß macht. Vielleicht ist ein Popmusikstück alles, was Sie brauchen, um die Angst wegzutupfen. Musik ist eine wahre Heilkraft, und Sie können sie überall hören. Stellen Sie auf Ihrem Telefon oder iPod erbauliche und inspirierende Lieder zusammen. Mit Kopfhörern können Sie überall Musik hören.

Suchen Sie sich ein Hobby oder lassen Sie ein altes wieder aufleben, so dass Sie immer etwas haben, zu dem Sie wechseln können, wenn die Schlacht besser in Ihren Gedanken zu sein scheint. Sehen Sie fern, lesen Sie ein Buch, zeichnen Sie, malen Sie, kochen Sie, meditieren Sie oder tun Sie etwas anderes, das Ihnen angenehm ist. Frönen Sie aber nicht zu sehr. Denken Sie daran, dass die Aktivität Ihnen nur für einige Momente eine positive Ablenkung verschaffen soll. Benutzen Sie sie nicht als Fluchtweg und ignorieren Sie die Quelle Ihrer Ängste. Lassen Sie sie Ihnen einen Moment der Freude schenken, damit Sie mit Klarheit zurückkommen können.

Positive Gedanken

Angst macht die Möglichkeit, dass schlimme Dinge passieren könnten - aber auch das Gegenteil ist wahr, nicht wahr? Was ist, wenn der Test positiv auf eine Krankheit zurückkommt? Was ist, wenn er negativ zurückkommt? Was, wenn mein Geschäft scheitert? Was ist, wenn es tatsächlich floriert? Wann immer Ihr Verstand in Richtung negativer Möglichkeiten rutscht, lenken Sie ihn in Richtung positiver Möglichkeiten.

Und sollten dennoch negative Dinge auftreten, wie es hin und wieder der Fall ist, können Sie damit umgehen. Bestätigen Sie sich selbst. Erinnern Sie sich daran, dass Sie stark, widerstandsfähig und fähig sind. Sie haben schon früher Stürme erlebt und es in einem Stück herausgeschafft. Ängste und positive Gedanken verweilen kaum je zusammen - schon bald werden Sie Ihre Ruhe und Ihren Seelenfrieden wiederfinden.

Just Do It

Wenn Sie sich vor einer bestimmten Aktivität fürchten, können Sie sie auch gleich hinter sich bringen. Machen Sie den Anruf, den Sie seit Tagen aufgeschoben haben. Klopfen Sie an die Tür Ihres Chefs, um Ihre Besorgnis über verschiedene Arbeitsfragen zu äußern. Sprechen Sie mit Ihrem Partner über diese verdächtigen Textnachrichten, auf die Sie vor einigen Wochen gestoßen sind. Reichen Sie das Kündigungsschreiben ein. Was ist das Schlimmste, was passieren kann?

Sie werden es nie wissen, bis Sie es tatsächlich versuchen. Ihr Verstand mag alle möglichen Worst-Case-Szenarien heraufbeschwören, aber am Ende wird es vielleicht gar nicht so schlimm. Tatsächlich ist das ermächtigende Gefühl, das zu tun, wovor Sie sich gefürchtet haben, genau das, was Sie brauchen, um die Angst loszuwerden.

Lehnen Sie sich ab und zu, wenn die Angst zuschlägt, zurück und genießen Sie einen leeren Moment. Tun Sie absolut nichts. Setzen Sie sich einfach bequem hin und atmen Sie tief durch. Lassen Sie den Moment verstreichen, dann verlagern Sie Ihre Aufmerksamkeit auf Ihre üblichen Aktivitäten. Die Angst fühlt sich oft an wie eine Unruhe, die sich in Ihrem Kopf abspielt, und diese Tipps sollten Ihnen helfen, den ganzen Lärm zu beruhigen, damit Sie Ihre Ruhe wiederfinden.

Kapitel 6: Stellen Sie Ihren Körper für optimale Gesundheit ein

Die Belastung, die der Körper durch alltägliche Aktivitäten erfährt, stört sein natürliches Gleichgewicht und verlässt ihn, wenn sie ausgeglichen wird. In diesem ausgeglichenen Zustand erleben Sie Müdigkeit, Stress, Angst und erhöhen sogar die Wahrscheinlichkeit anderer Gesundheitsprobleme.

Genauso wie Sie ein Gerät ab und zu zurücksetzen, damit es optimal arbeiten kann, sollte auch Ihr Körper periodisch zurückgesetzt werden. Zu den wichtigsten Bereichen, die bei der Rückstellung des Körpers eine Rolle spielen, gehören Schlaf, Hormone und Stoffwechsel.

Schlafen

Ihr Schlafmuster folgt der internen Uhr, die auch als zirkadiane Uhr bekannt ist. Dabei handelt es sich um einen Mechanismus, der dem Körper Signale gibt, wann es Zeit zum Schlafen und wann Zeit zum Aufwachen ist. Die meisten von uns gehen gegen 22 Uhr zu Bett und wachen etwa um 6 Uhr morgens auf. Sie werden feststellen, dass Sie sich jedes Mal, wenn diese Schlafenszeit naht, schläfrig fühlen. Dann werden Sie morgens auch ohne Wecker etwa zur gleichen Zeit aufwachen.

Der Körper liebt und gedeiht in der Routine. Wenn diese Schlafroutine gestört wird, wird der Körper auf die eine oder andere Weise eine Beschwerde vorbringen. Sie werden sich tagsüber müde fühlen, oder zumindest den größten Teil des Tages, und dann nachts wach sein. Das stört Ihre Energie und macht Sie weniger produktiv.

Schlafstörungen können von außen kommen, z.B. durch Beleuchtung und Temperatur. Ebenso können sie innerlich sein, wie Genetik und Hormone. Wenn Sie Ihre Gewohnheiten ändern, ändert sich auch Ihr Schlafmuster, z.B. wenn Sie tagsüber ein Nickerchen halten oder Ihre Essenszeiten ändern. Auch Reisen, vor allem wenn Sie in verschiedene Zeitzonen reisen, sind ein wichtiger Faktor, der das Schlafverhalten beeinflusst.

Hier sind einige Tipps, die Sie anwenden können, um Ihren Schlaf zurückzusetzen:

Manipulieren Sie Ihre Innenbeleuchtung. Der Körper ist es gewohnt, auf natürliches Licht zu reagieren. Wenn Sie sich tagsüber in einem schummrigen Raum hinlegen, kann es sein, dass Sie anfangen, sich schläfrig zu fühlen. Wenn der Raum nachts hell beleuchtet ist, werden Sie dagegen nur schwer einschlafen können. Diese Technik ist besonders wichtig, wenn Sie mit Jetlag oder einem ähnlichen Gefühl zu kämpfen haben. Jetlag ist das träge Gefühl, das man hat, wenn man über Zeitzonen geflogen ist.

Sie verlassen zum Beispiel eine Region am Morgen, fliegen etwa 9 Stunden lang und erwarten, dass Sie am Abend ankommen, damit Sie sich zur Ruhe legen können. Ihr Ziel liegt jedoch zufällig in einer anderen Zeitzone, so dass Sie nicht am Abend, sondern an einem anderen Morgen ankommen. Ihr Körper, der an einen Zeitplan gewöhnt ist, gerät durcheinander. Sie versuchen, etwas Schlaf zu bekommen, doch es ist Mittag, und die Sonne scheint hell. Bis sich Ihr Körper an diese Zeitzone gewöhnt hat, reisen Sie vielleicht schon wieder zurück, und der Vorgang wiederholt sich von neuem. Trainieren Sie Ihren Körper, zu Ihrem normalen Schlafmuster zurückzukehren, indem Sie die Beleuchtung anpassen.

Versuchen Sie, sich an einen regelmäßigen Schlafplan zu halten. Schlafen und wachen Sie jeden Tag zur gleichen Zeit auf. Wenn Sie weiterhin zu unterschiedlichen Zeiten schlafen und aufwachen, schicken Sie den Körper zum Ausgleich. Wenn Sie Probleme mit dem Einschlafen haben, versuchen Sie, den Schlaf durch leise Hintergrundmusik, Lesen oder alles andere, was Ihnen gut tut, herbeizuführen. Vermeiden Sie Aufputschmittel wie Koffein vor dem Schlafengehen. Halten Sie sich auch von Elektronik fern - Fernsehen, Telefon und Videospiele halten Sie wach, anstatt Schlaf zu induzieren.

Bewältigen Sie Stress und Angstzustände, da sie die Qualität und Quantität des Schlafs beeinträchtigen. Die Sorgen in Ihrem Kopf halten Sie stundenlang in Bewegung, ohne einen sinnvollen Schlaf zu bekommen. Der Schlafmangel verschlimmert die Zustände noch weiter, und von da an ist es eine Abwärtsspirale. Finden Sie entspannende Wege, um Schlaf herbeizuführen. Widerstehen Sie der Versuchung, immer nach Schlaftabletten zu greifen. Zuerst werden sie wirken, aber mit der Zeit werden Sie die Dosis erhöhen müssen, und schließlich könnten Sie auf die Pillen angewiesen sein, die Sie immer brauchen, um schlafen zu können. Eine so häufige Medikation setzt Sie auch schädlichen Nebenwirkungen aus, die zu anderen Gesundheitszuständen führen können. Die CBT, deren Techniken in diesem Buch beschrieben werden, ist ein sicherer Anfang, um Ihren Stress in den Griff zu bekommen.

Stoffwechsel

Dies ist ein weiterer entscheidender Faktor für Ihr Wohlbefinden. Im Stoffwechsel dreht sich alles um die Nahrung, die wir essen, und darum, wie sie verdaut und verwertet wird. Sie können damit beginnen, eine bestimmte Zeit lang zu fasten - das ist richtig, beginnen Sie Ihren Ernährungsplan, indem Sie nichts essen. Hier geht es darum, Ihren Magen zu reinigen, damit Sie buchstäblich mit einer reinen Weste beginnen können. Techniken wie das intermittierende Fasten können Ihnen dabei helfen, den Anfang zu machen.

Danach setzen Sie Ihren Stoffwechsel in Gang, indem Sie sorgfältig auswählen, was Sie essen. Gesunde Ernährung ist für alle wichtig, aber mit zunehmendem Alter wird sie noch wichtiger. Entscheiden Sie sich für gesunde Mahlzeiten mit Vollkorngetreide, Ballaststoffen, mageren Proteinen, komplexen Kohlenhydraten, Gemüse und Obst. Schränken Sie verarbeitete Lebensmittel und Fastfood ein und entscheiden Sie sich stattdessen für frische Optionen. Bleiben Sie auch hydratisiert - die Bedeutung von Wasser kann nicht genug betont werden.

Stress und Ängste beeinflussen auch Ihre Ernährung. Am Ende isst man zu wenig oder zu viel. Unzureichendes Essen raubt Ihnen die Energie. Zu viel Essen führt zu Übergewicht, das Sie einem ganz neuen Bereich von Beschwerden und möglichen Krankheiten aussetzt.

Hormone

Ihre Hormone steuern einen Großteil Ihrer Körperfunktionen wie Stoffwechsel, Emotionen, Libido, Wachstum und Fortpflanzung. Hier sind einige Schritte, die Ihnen helfen sollen, Ihre Hormone zurückzusetzen:

Reduzieren Sie die Aufnahme von einfachen Kohlenhydraten und Zucker. Sie führen oft zu einem Zuckerrausch, der dann die Hormone stört.

Reduzieren Sie die Aufnahme von Chemikalien, indem Sie sich für frische Lebensmittel entscheiden, im Gegensatz zu solchen, die mit Süßungs- und Konservierungsstoffen versetzt sind.

Achten Sie auf die Qualität und Quantität Ihres Schlafes und streben Sie 8 erholsame Nächte pro Nacht an. Das gibt den Zellen Zeit, sich zu verjüngen und zu heilen, indem die Hormonausschüttung erhöht wird.

Schützen Sie Ihr Immunsystem, indem Sie ungesundes Essen vermeiden.

Regulieren Sie die Einnahme von Medikamenten, da diese Chemikalien in den Körper einbringen, die die Hormone verändern.

Die Regulierung Ihres Schlafes, der Hormone und des Stoffwechsels trägt wesentlich dazu bei, dass Ihr Körper optimal funktioniert.

Kapitel 7: Panik und Besorgnis überwinden

Besorgnis ist das Gefühl des Unbehagens, das Sie erfasst, wenn Sie an die Schwierigkeiten in Ihrem Leben denken und daran, wohin sie in Zukunft führen könnten. Vielleicht machen Sie sich auch Sorgen über Dinge, von denen Sie annehmen, dass sie passieren könnten. Ob sie am Ende passieren oder nicht, diese Momente der Sorge haben Ihnen bereits Ihre Freude und Ihren Frieden gestohlen und nichts gelöst. Die Sorge könnte mit Fragen der Gesundheit, der Finanzen, der Ehe, der Beziehungen, der Arbeit, des Geschäfts, des sozialen Drucks und so weiter zu tun haben. Wie dem auch sei, Sorgen helfen kaum. Im Folgenden finden Sie einige der Schritte, die Sie unternehmen können, um Ihre Sorgen zu überwinden:

Sorgen benennen

Worüber machen Sie sich Sorgen? Ist es etwas, das Sie ändern können? Wenn Sie etwas an der Situation ändern können, dann tun Sie diesen Schritt. Wenn Sie über den Status Ihrer Ehe besorgt sind, planen Sie etwas Zeit ein, um mit Ihrem Ehepartner darüber zu sprechen. Lesen Sie über Ehen und Beziehungen. Sprechen Sie mit einem Berater, sei es allein oder mit Ihrem Ehemann/ Ihrer Ehefrau. Wenn Sie sich bemühen, das Thema anzusprechen, lassen die Sorgen nach. Machen Sie einen Plan, wie Sie die Situation bewältigen oder aus ihr herauskommen können. Erinnern Sie sich jedes Mal, wenn Ihnen danach eine Sorge durch den Kopf geht, daran, dass Sie einen Plan haben und darauf hinarbeiten, das Problem zu lösen.

Kommunizieren Sie

Wir machen uns so oft Sorgen, wenn wir uns fragen, was jemand anderes auf dem Herzen hat. Ist mein Partner mit unserer

Beziehung unzufrieden? Ist der Chef mit meiner Leistung bei der Arbeit unzufrieden? Meine Eltern scheinen mit den Entscheidungen, die ich in letzter Zeit getroffen habe, unzufrieden zu sein. Wir wälzen uns hin und her und stellen Vermutungen darüber an, was andere Menschen über uns denken.

Haben Sie daran gedacht, die Jagd zu beenden und einfach zu fragen? Sprechen Sie Ihre Bedenken aus, anstatt sie Ihnen zu überlassen und Ihren Verstand bis zum Ende zu quälen. Diskutieren Sie Ihre Beziehung, Ihren Job oder Ihre Entscheidungen mit denen, um die Sie sich Sorgen gemacht haben. Oft werden Sie feststellen, dass Sie sich grundlos Sorgen gemacht haben. Und sollte es der Fall sein, dass diese Menschen tatsächlich bestimmte Gedanken über Sie hegen, dann werden Sie diese diskutieren und die Zweifel beseitigen.

Denken Sie auch daran, dass die Leute vielleicht nicht so viel an Sie denken, wie Sie denken. Wirklich. Die Menschen haben Tonnen von Dingen zu tun und ihr eigenes Leben zu führen. Vielleicht machen Sie sich krank vor Sorge, wenn Sie sich fragen, was sie von Ihnen denken, um dann festzustellen, dass sie es eigentlich nicht tun.

Beschäftigt bleiben

Man sagt, Besorgnis ist wie eine Schaukelstuhl-Aktivität, aber ohne Fortschritt. Statt sich mit einer Sorge aufzuhalten, sollten Sie etwas finden, das Ihre Hände beschäftigt. Wenn Sie noch keine Arbeit haben, können Sie sich freiwillig melden. Oder sich einem Hobby widmen. Irgendetwas, um eine positive Ablenkung zu bieten und dabei vielleicht etwas Konstruktives zu erreichen.

Streben Sie nach kleinen Gewinnen. Auch wenn Sie noch keinen Job haben, können Sie sich Zeit nehmen, einen exquisiten

Lebenslauf zu entwerfen und zu gestalten. Oder einen Geschäftsplan schreiben. Oder sogar das Haus aufräumen, entrümpeln und neu einrichten. Die Sorgen sind launisch. Sobald Sie Ihre Aufmerksamkeit auf etwas anderes richten, verblasst sie.

Ignorierte Sorgen können so intensiv werden, dass sie in Panik umschlagen, d.h. in eine abrupte, unkontrollierbare Angst oder Furcht. Manchmal kann sie sich zu einer ausgewachsenen Panikattacke entwickeln, die eine plötzliche, intensive Angst beinhaltet, die innerhalb von Minuten über einen hereinbricht. In diesem Fall werden Sie zittern, schwitzen und nach Luft ringen. Ihr Herz wird klopfen, und es wird Ihnen schwer fallen, sich zusammenzureißen. Hier sind einige Schritte, die Sie befolgen können, wenn Sie sich mitten in einer Panikattacke befinden:

Erkennen Sie, dass Sie eine Panikattacke haben, die von einem äußeren Auge mit einem Herzinfarkt verwechselt werden kann. Sollten Menschen zu Ihnen eilen, um Ihnen zu helfen, bemühen Sie sich, sie wissen zu lassen, dass Sie es mit einer Panikattacke zu tun haben, damit sie Ihnen die richtige Art von Hilfe anbieten können. Denken Sie daran, dass er genauso schnell wieder verschwindet, wie er kommt. Das sollte Ihnen etwas Mut geben, durchzuhalten, bis der Moment vorüber ist.

Atmen Sie tief ein, lassen Sie Luft in Ihren Brustkorb, halten Sie ein paar Sekunden lang fest und atmen Sie dann aus. Es mag im Eifer des Gefechts viel zu bewältigen scheinen, aber versuchen Sie, sich anzustrengen. Denken Sie daran, dass der Angriff mit Hyperventilation einhergeht, bei der Sie kurze, flache Atemzüge machen. Dadurch wird Ihrem Körper Sauerstoff entzogen, und Ihre Muskeln beginnen sich zu verkrampfen. Muskelverspannungen sind das Letzte, was Sie brauchen, wenn sich Ihr Körper in diesem Moment der Schwäche befindet. Tiefes Atmen sorgt dafür, dass Sie schnell wieder zur Ruhe kommen.

Sollten Sie sich in der Öffentlichkeit befinden, wo alle möglichen Dinge gleichzeitig geschehen, oder gibt es einen bestimmten visuellen Auslöser, schließen Sie die Augen. Versuchen Sie, sich an einem sicheren, vertrauten Ort, z.B. in Ihrem Haus oder Büro, vorzustellen. Stellen Sie sich vor, wie dieser Ort aussieht, und sprechen Sie Ihre Sinne an, so dass Sie das Gefühl haben, zu sehen und zu hören, was dort geschieht. Das wird Ihnen eine gewisse Beruhigung verschaffen, und der Angriff wird nachlassen.

Wenn Sie sich in einem Haus oder an einem sichereren Ort befinden, sehen Sie sich ein bestimmtes Objekt an und richten Sie Ihre ganze Aufmerksamkeit darauf. Nehmen wir an, dass Sie gerade an Ihrem Schreibtisch im Büro eine Panikattacke erlitten haben. Richten Sie Ihre Aufmerksamkeit sofort auf den nahe gelegenen Blumentopf. Betrachten Sie die Farben, Formen und Konturen. Hier geht es darum, Ihren Geist, der durch die Attacke zerstreut wurde, zu fokussieren. Sobald Sie Ihren Geist abgelenkt haben, verliert der ängstliche Moment seine Intensität und vergeht bald.

Sobald der Moment vorüber ist, versuchen Sie, den Auslöser zu identifizieren, damit Sie darauf vorbereitet sind, beim nächsten Mal damit umzugehen. Sehen Sie sich eine Reihe von Panikattacken an und versuchen Sie, ein Muster zu erkennen. Was haben Sie unmittelbar vor der Attacke gesehen, gehört oder gerochen? Sie können sich entweder dafür entscheiden, ihn zu vermeiden oder Ihre Denkweise so zu ändern, dass er nicht mehr als Bedrohung angesehen wird.

Wenn Sie das nächste Mal beunruhigt sind und in Panik geraten, wissen Sie jetzt, welche Schritte Sie unternehmen können, um Ihre Gedanken zu beruhigen.

Kapitel 8: Entspannungstechniken zum Herbeiführen von Ruhe

Entspannungstechniken sind bei der Bewältigung von Stress, Angst- und Panikattacken nützlich. Diese Techniken sind einfach und haben minimale Anforderungen, was Ihnen die Freiheit gibt, sie fast überall und zu jeder Zeit anzuwenden. Es besteht auch die Möglichkeit, 2 oder mehr Techniken für diesen zusätzlichen Effekt zu kombinieren. Solange Sie einen ruhigen Raum finden, in dem Sie bequem sitzen können, dann sind Sie bereit für eine Entspannungstechnik Ihrer Wahl.

Tiefes Atmen

Einfaches und doch kraftvolles, tiefes Atmen bietet einem aufgewühlten Geist sofortige Erleichterung. Eine Welle der Angst oder Panik veranlasst Sie zu schnellen, flachen Atemzügen. Dadurch verringert sich die Sauerstoffzufuhr in Ihrem Blutkreislauf, was zu Muskelverspannungen führt. Die Entspannungstechnik des tiefen Atmens zielt darauf ab, mehr Luft in den Körper zu ziehen, was die Herzfrequenz verlangsamt, den Blutdruck stabilisiert und die Muskeln entspannt.

Nehmen Sie einen langen, langsamen Atemzug, der allgemein als Bauch- oder Bauchatmung bezeichnet wird. Lassen Sie die Luft Ihren Brustkorb und Bauch füllen, halten Sie sie einige Sekunden lang an und atmen Sie dann aus. Während Sie sich auf Ihre Atmung konzentrieren, verschwinden die ängstlichen Gedanken allmählich.

Progressive Muskelentspannung

Diese Technik hilft Ihnen, Muskelverspannungen zu erkennen und damit umzugehen. Sie konzentrieren sich jeweils auf eine

Muskelgruppe. Beginnen Sie mit etwas so Einfachem wie der Faust. Ziehen Sie Ihre Faust für ein paar Sekunden an, lassen Sie sie dann los und wiederholen Sie das Ganze so oft wie nötig. Ihre Hand sollte sich leichter und entspannter anfühlen.

Wiederholen Sie das Gleiche für Ihre Füße, Oberschenkel, Schultern und so weiter. Führen Sie den Hals auf jeder Seite so weit wie möglich. Fühlen Sie den Unterschied? Wenn die Spannung von Ihren Muskeln wegschmilzt, fühlt sich Ihr Geist ruhiger an. Mit der Zeit werden Sie in der Lage sein, Muskelverspannungen zu erkennen, sobald sie auftreten, und entsprechend zu handeln.

Visualisierung

Stellen Sie sich vor, Sie befinden sich an einem schönen, entspannenden und ruhigen Ort, ob real oder nur ein Hirngespinst Ihrer Phantasie. Schließen Sie die Augen und stellen Sie sich vor, Sie liegen zum Beispiel am Strand. Lassen Sie alle Ihre Sinne zum Leben erwachen. Was sehen, hören, riechen oder berühren Sie?
Denken Sie an die Weite des blauen Wassers, das sich so weit erstreckt, wie Ihre Augen sehen können. Denken Sie an das Geräusch der krachenden Wellen. Riechen Sie die Mischung aus dem Meerwasser und dem verlockenden Duft der Speisen, die aus dem nahe gelegenen Restaurant kommen. Fühlen Sie, wie Ihre nackten Füße im Sand versinken und Ihr Körper die Wärme der Sonne aufnimmt. Eine solch lebhafte Visualisierung lässt Ihren Geist und Körper das Gefühl erleben, an einem anderen Ort zu sein, wo Sorgen und Ängste das Letzte sind, woran Sie denken.

Yoga

Yoga ist großartig für Körper und Geist. Die damit verbundenen Drehungen und Wendungen helfen, Endorphine freizusetzen - dieselben Wohlfühlhormone, die bei körperlicher Betätigung freigesetzt werden. Die Hormone hinterlassen ein stabileres, glücklicheres und energischeres Gefühl.

Yoga ist eine sanfte Aktivität von geringer Intensität, die Sie ohne Anstrengung ausüben können, auch wenn Sie sich schwach fühlen. Sie können auch andere Entspannungstechniken in Yoga integrieren, wie z.B. tiefe Atmung und Meditation, die wir uns als nächstes ansehen.

Meditation

Meditation ist mit Yoga verwandt, hat aber weniger Bewegung. Man sitzt grundsätzlich bequem, am besten mit gekreuzten Beinen und verschränkten Armen, so dass die Handgelenke auf den Knien ruhen. Ähnlich wie die grundlegende Yogastellung.

Versuchen Sie die Dreiecksatmung, bei der Sie einatmen, sagen wir bis 3 zählen, halten, bis 3 zählen und dann mit einem ähnlichen Spielraum ausatmen. Erhöhen Sie die Zählung allmählich bis zu der Zahl, mit der Sie sich wohlfühlen. Während Sie tief einatmen, stellen Sie sich vor, wie sich eine Welle der Entspannung durch Sie bewegt. Sie können Ihrer Meditation einen bejahenden Gesang hinzufügen. Sagen Sie etwas Positives und Ermächtigendes wie: "Ich bin gesund und ganz. Ich bin mutig. Ich kann das überwinden. Die Worte der Affirmation werden in Ihr System eindringen und Ihre Sorgen und Ängste weiter auslöschen.

Musiktherapie

Musik, die richtige Art von Musik, hat eine sofortige beruhigende Wirkung auf Körper und Geist. Glücklicherweise kann man Musik überall hin mitnehmen. Sammeln Sie inspirierende und erhebende Musik und haben Sie sie in Ihrer Nähe. Jedes Mal, wenn Sie sich gestresst, beunruhigt oder in Panik fühlen, können Sie eine

Melodie einspielen und die schönen Worte und Melodien eintauchen.

Sie brauchen nicht einmal darauf zu warten, dass Ihr Geist beunruhigt ist, um Musik zu spielen. Spielen Sie sie gleich morgens als erstes, damit Sie den Tag mit einem hohen Ton beginnen können. Spielen Sie im Auto, während Sie im Verkehr sitzen. An Ihrem Arbeitsplatz können Sie sogar leise Musik im Hintergrund hören, wenn das erlaubt ist. Nutzen Sie diese leicht zugängliche Entspannungstechnik voll aus, um Ihren Geist zu beruhigen.

Aromatherapie

Ein schöner Duft wirkt sich sofort stimmungsaufhellend auf Ihre Stimmung aus. In der Aromatherapie werden hauptsächlich Düfte aus Quellen wie Lavendel, Jojoba, Zitronengras, Kamille und Rosenwasser verwendet. Sie können in verschiedenen Formen verpackt werden, z.B. als Kerzen, Körperreiniger, Lufterfrischer, Parfüm oder Weihrauch.

Alle diese Optionen sind auf dem Markt erhältlich. Wählen Sie, was für Sie funktioniert - unterschiedliche Düfte sprechen unterschiedliche Menschen an. Erhalten Sie es in einer kompakten Form, die Sie überall hin mitnehmen können. Auch hier brauchen Sie nicht darauf zu warten, dass die Sorge auf Sie zukommt. Sie können den ganzen Tag den Duft Ihrer Wahl um sich herum haben, um Ihre Stimmung aufrechtzuerhalten. Sollte die Angst dennoch zuschlagen, atmen Sie den Duft tief ein und wiederholen Sie ihn, wenn nötig, und genießen Sie das Gefühl der Ruhe, das Sie überkommt.

Prüfen Sie diese Techniken und wählen Sie aus, was für Sie funktioniert. Sie können von einer zur anderen experimentieren, bis Sie diejenige gefunden haben, die Ihnen am besten Ruhe verschafft. Denken Sie auch an Ihre Umgebung, damit Sie beurteilen können, welche Technik für Sie am besten geeignet ist. Machen Sie sich keine Sorgen, wenn die Wirkung nicht so schnell eintritt, wie Sie sich das wünschen. Was bei der einen Person wie Magie wirkt, kann bei der anderen Person nicht funktionieren. Versuchen Sie es weiter und erforschen Sie es. Wenn jemand nicht effektiv zu arbeiten scheint, probieren Sie auch verschiedene Kombinationen aus. Dann brauchen Sie sich nicht mehr um den Kampf gegen die ständigen Sorgen zu kümmern, Ihre Lösung ist nur eine Armlänge entfernt.

Kapitel 9: Bewegende Schmerzen und Tragödien der Vergangenheit

Haben Sie in der Vergangenheit negative Erfahrungen gemacht, die Sie scheinbar nicht loslassen können? Diese Erfahrungen können vom Verlust eines geliebten Menschen, von Ablehnung, gebrochenen Vereinbarungen, dem Zerbrechen von Beziehungen, ungelösten Konflikten, Torturen in der Kindheit, Vergewaltigung, Scheidung, Fehlgeburt und so weiter reichen. Solche Tragödien können tiefe physische und psychische Wunden hinterlassen, deren Heilung bewusste Anstrengungen erfordert.

Woher wissen Sie, dass Sie nicht von der Verletzung geheilt sind? Es besteht die Möglichkeit, dass Sie sich gefühllos fühlen, wenn Sie an den Vorfall denken. Ihr Körper versucht, damit fertig zu werden, indem er verwandte Gedanken ausschließt. Sie können sich auch von Menschen und von der Realität abgekoppelt fühlen. Sie sind paranoid und entwickeln ein Misstrauen gegenüber Menschen in Ihrer Umgebung - auch wenn diese Ihnen nichts Böses wollen. Wie können Sie das überwinden?

Akzeptieren

Warum ist mir das passiert? Was habe ich falsch gemacht? Was passieren guten Menschen schlechte Dinge? Diese Fragen müssen Sie sich ein Dutzend Mal gestellt haben. Leider hat niemand die Antworten. Das Beste, was Sie tun können, ist zu akzeptieren, dass Sie ein Opfer unglücklicher Umstände waren - und nein, nicht weil Sie etwas falsch gemacht haben. Sie werden nicht bestraft. Solche Dinge passieren.

Akzeptieren hält Sie davon ab, in Verleugnung zu leben. Solange Sie diese Fragen stellen, sind Sie flüchtig mit dem Gedanken, dass das Vorkommnis nicht wirklich passiert ist - Sie könnten aus der Benommenheit ausbrechen und feststellen, dass die Dinge wieder normal geworden sind - oder dass das Vorkommnis tatsächlich "ungeschehen" werden kann.

Sagen wir, nach einer Fehlgeburt hofft man immer wieder, dass man aufwachen und wieder schwanger werden kann. Oder nach einem Unfall, bei dem Sie im Rollstuhl saßen, rechnet ein Teil von Ihnen immer noch damit, dass die Narben über Nacht irgendwie verschwinden und Sie wieder gehen können.

Solche Gedanken werden Ihnen vorübergehend Trost spenden, aber sie sind wirklich überhaupt nicht hilfreich. Sie halten Sie nur davon ab, wahre Heilung anzustreben.

Denken Sie daran, dass es möglich ist, verletzt zu sein, ohne es tatsächlich anzuerkennen. Vielleicht sind Sie in Alkohol und Drogen verwickelt, und nennen Sie es einfach Spaß haben. Oder Sie sind ein Einzelgänger, der es vermeidet, mit Menschen zu interagieren, und Sie werden einfach sagen, dass Sie introvertiert sind. Doch hinter der Oberfläche haben Sie es mit dem Schmerz aus Ihrer Vergangenheit zu tun, der Ihr Handeln bestimmt.

Sprechen Sie es aus

Diejenigen, die sich mit Traumata befassen, neigen dazu, Menschen zu meiden, meist weil sie nicht über das jeweilige Thema sprechen wollen. Reden hilft Ihnen, es zu akzeptieren, was genau das ist, was Sie brauchen. Reden erfordert Mut, vor allem, wenn man die Erinnerungen an den Vorfall lange Zeit begraben hat. Man kann stottern, weinen, zusammenbrechen - aber das ist eigentlich ein positives Zeichen für den Beginn der Heilung.

Es hilft, mit einem Freund oder Familienmitglied zu sprechen, aber noch mehr mit einem geschulten Berater, der sich in ähnlichen Situationen auskennt. Selbst wenn Sie Ihren Schmerz nicht eingestanden haben, hilft Ihnen ein Therapeut, Ihre Handlungen mit verschiedenen Vorkommnissen aus Ihrer Vergangenheit in Verbindung zu bringen. Die Inanspruchnahme professioneller Hilfe stellt auch die Nachbereitung sicher.

Der Berater wird Ihre Situation beurteilen und eine ungefähre Dauer für Ihre Therapie festlegen. Im Verlauf der Sitzung werden Sie sich nach und nach weiter öffnen. Möglicherweise werden Ihnen auch einige Aufgaben übertragen, wie z.B. eine bestimmte Person anzurufen und sich zu entschuldigen oder eine Liste mit Dingen aufzuschreiben, die Sie Ihrer geliebten Person vor ihrem Tod hätten sagen wollen.

Am Anfang ist es schwierig, diese Dinge auszudrücken, aber mit der Zeit wird es einfacher und die Last wird leichter.

Schreiben Sie es auf

Wenn Ihnen das Sprechen zunächst zu entmutigend erscheint, versuchen Sie es aufzuschreiben. Beim Schreiben sind Sie allein mit Ihren Gedanken, ohne das Gefühl, dass jemand versucht, Sie zu verhören. Schreiben Sie genau auf, wie Sie sich fühlen, mit so vielen Worten, wie Sie es für richtig halten. Vergessen Sie die korrekte Grammatik oder Interpunktion, schütten Sie einfach Ihr Herz in Worte aus.

Vielleicht fühlen Sie sich dabei gebrochen, wenn alte Wunden aufbrechen und Geheimnisse preisgeben, an denen sie so lange festgehalten haben, aber all das ist Teil des Prozesses. Betrachten Sie das Schreiben als Übertragung Ihrer Last auf diesen Notizblock. Sie können sich sogar dafür entscheiden, Ihrem

Therapeuten zu erlauben, Ihr Tagebuch durchzugehen, um ein Gefühl für die Dinge zu bekommen, die Sie vielleicht nicht verbal ausdrücken können.

Vergeben

Eine der wichtigsten Komponenten der Heilung vergangener Schmerzen ist die Vergebung derer, die Sie verletzt haben. Das ist definitiv nicht leicht. Denken Sie an den Partner, der eine Beziehung abgebrochen hat, in die Sie so viel investiert hatten, an den Ehepartner, der nach so vielen gemeinsamen Jahren um die Scheidung bat, an den betrunkenen Autofahrer, der Ihnen Ihre Liebste wegnahm, an das Familienmitglied, das Sie als Kind vergewaltigt hat, an den Chef, der Sie nach all der Arbeit, die Sie in diesen Job gesteckt hatten, gefeuert hat. Wie können Sie ihnen nach all dem Leid, das sie Ihnen zugefügt haben, verzeihen?

Denken Sie daran, dass Vergebung für Sie an erster Stelle steht. Um Sie von dieser geistigen Sklaverei zu befreien. Das Festhalten am Schmerz tut Ihnen weh, nicht ihnen. Es ist gesagt worden, dass das Festhalten an einem Groll ist wie Gift zu nehmen und zu erwarten, dass die andere Person stirbt. Wenn hier jemand "stirbt", dann sind es leider nur Sie. Ihnen zu vergeben, bedeutet nicht, ihnen einen Gefallen zu tun - der Gefallen gehört ganz Ihnen.

Vergeben Sie sich auch selbst. Für die Dinge, die Sie in der Vergangenheit sinnlos getan haben und die Ihnen und anderen Schmerz gebracht haben. Für diese Abtreibung. Für den Partner, den Sie besser hätten behandeln sollen. Für den Unfall, den Sie durch Trunkenheit am Steuer verursacht haben. Dafür, dass Sie gegen den Rat Ihrer Eltern gehandelt haben. Bitten Sie gegebenenfalls um Vergebung. Wir alle machen Fehler, aber wir können das hinter uns lassen und eine bessere Zukunft schmieden.

Sich an ein neues Leben anpassen

Wenn das Trauma Ihr Leben auf die eine oder andere Weise grundlegend verändert hat, dann beginnen Sie, sich an das neue Leben zu gewöhnen. Wenn Sie durch einen Unfall bewegungsunfähig geworden sind, dann beginnen Sie, den Umgang mit dem Rollstuhl zu erlernen. Wenn Sie einen Ehepartner verloren haben, gewöhnen Sie sich daran, als Witwe oder Witwer allein Entscheidungen zu treffen. Haben Sie Ihr Unternehmen verloren? Ziehen Sie in Betracht, für einige Zeit angestellt zu sein, damit Sie wieder auf die Beine kommen. Es ist in Ordnung, um das Verlorene zu trauern - aber nicht zu lange. Bemühen Sie sich, wieder in das Geschäft des Lebens zurückzukehren.

Kapitel 10: Den Achtsamkeit-Ansatz üben

Achtsamkeit beinhaltet die bewusste Konzentration der Aufmerksamkeit auf den gegenwärtigen Augenblick. Es mag wie eine einfache Sache klingen und wie eine, die man die ganze Zeit macht, ist es aber in Wirklichkeit nicht.

Denken Sie darüber nach. Was tun Sie im Moment? Sie werden feststellen, dass Sie den Teppich saugen, während Sie das Baby im Auge behalten und an den bevorstehenden Arzttermin denken. Oh, Sie hören sich auch diesen Werbespot im Fernsehen an, und er erinnert Sie an Ihre College-Zeit. Sehen Sie? Sie denken an mehrere Dinge gleichzeitig. In einem Moment sind Sie in der Gegenwart, im nächsten Moment denken Sie an die Zukunft, und dann haben Sie in einem Moment eine Rückblende.

Wenn Sie bei der Arbeit an Ihrem Schreibtisch sitzen, denken Sie an den Bericht, an dem Sie gerade arbeiten, und fragen sich, wie die Finanzsitzung verlaufen wird. Sie erinnern sich mit Besorgnis an das letzte Treffen und an die angespannten Momente, in denen das Team versuchte, die sinkenden Gewinnmargen zu erklären. Sie haben auch ein Auge auf die Uhr geworfen - es ist fast Mittagszeit und das Hungergefühl setzt ein. Sie versprechen sich, das Restaurant einen Block entfernt zu besuchen.

Sind diese Szenarien bekannt? Wir denken kaum jemals darüber nach, aber zu jedem Zeitpunkt sind unsere Gedanken in so viele verschiedene Richtungen verstreut. Wenn Sie sie einzeln zählen können, werden Sie etwa 5 Dinge gleichzeitig im Kopf haben. Wir überanstrengen unseren Verstand ständig. Ist es da ein Wunder, dass wir so oft von Stress und Angst geplagt werden?

Techniken zur Übung der Achtsamkeit

Der Achtsamkeitsansatz ermutigt Sie dazu, den gegenwärtigen Moment zu verlangsamen und zu schätzen. Es gibt eine Reihe von Techniken, mit denen Sie Achtsamkeit üben können:

Die Meditation: Sitzen Sie ruhig an einem ruhigen Ort ohne Ablenkungen. Die meisten Menschen ziehen es vor, mit verschränkten Beinen und ausgestreckten Armen zu sitzen, wie in der Yoga-Grundhaltung. Sie können jedoch in jeder Position sitzen, die Ihnen bequem erscheint. Konzentrieren Sie sich auf Ihre Atmung. Sie können der Meditation ein ermutigendes oder bejahendes Mantra hinzufügen. Wiederholen Sie Worte wie "Ich bin gesund und ganz" immer und immer wieder. Lassen Sie die Gedanken kommen und gehen, ohne ihnen viel Aufmerksamkeit zu schenken.

Hören Sie auf Ihre Sinne: Sehen Sie hin. Hören Sie zu. Riechen Sie. Berühren. Schmecken. Lassen Sie alle Ihre Sinne auf die Reize um sie herum aufmerksam sein. Denken Sie nicht zu viel über die Reize nach. Nehmen Sie sie einfach wahr und lassen Sie sie los.

Körperempfindungen: Achten Sie abwechselnd auf die Teile Ihres Körpers. Achten Sie auf Enge, Kribbeln oder Juckreiz in jedem Teil Ihres Körpers. Beginnen Sie an einem Punkt, z.B. an den Füßen, und gehen Sie bis zum Kopf hinauf. Konzentrieren Sie Ihren Geist auf diese bestimmte Empfindung und lassen Sie Ihren Geist sie vollständig spüren.

Emotionen: Wie fühlen Sie sich? Sind Sie glücklich, wütend, frustriert, ängstlich, enttäuscht oder gestresst? Akzeptieren Sie die Emotionen, ohne ihnen nachzuhängen. Lassen Sie sie einfach sein.

Integrieren Sie den Achtsamkeit-Ansatz zu

Ihr tägliches Leben

Sie müssen nicht bis zum Ende des Tages warten, um in einer Ecke zu sitzen und eine Achtsamkeitstechnik zu üben. Sie können sie in Ihrem täglichen Leben üben, wo immer Sie sind. Schauen wir uns einige Beispiele für das Leben im Augenblick an.

Konzentrieren Sie sich beim Autofahren auf das, was in diesem bestimmten Augenblick geschieht. Widerstehen Sie der Versuchung, im Stau zu verweilen, den lästigen Fahrern, dem Treffen, zu dem Sie zu spät kommen, oder den Alternativrouten, die Sie hätten nehmen können. Solche Gedanken werden Ihren Geist nur belasten und die Situation nicht in jeder Hinsicht verbessern. Schauen Sie stattdessen auf die Bäume an den Straßenrändern, die Gehwege und die vorbeiströmenden Menschen. Analysieren Sie sie nicht. Schauen Sie sie einfach an und lassen Sie die Gedanken kommen und gehen. Hören Sie dem Hupen der Autos zu. Riechen Sie das Essen aus dem Fast-Food-Restaurant in der Nähe. Spüren Sie die Beschaffenheit des Lenkrads an Ihren Händen. Und den Druck der Gaspedale gegen Ihren Fuß. Da die meisten Leute sich im Stau dumm und dämlich stressen, werden Sie ruhig und gelassen sein.

Wenn Sie im Büro sitzen, nehmen Sie sich ein paar Minuten Zeit, um die Empfindungen in Ihrem Körper wahrzunehmen. Achten Sie auf die angespannten Muskeln, die Sie nach stundenlangem Sitzen haben. Dies wäre ein idealer Zeitpunkt, um die progressive Muskelentspannungstechnik zu üben. Behandeln Sie jeweils nur eine Muskelgruppe auf einmal. Beginnen Sie mit den Füßen und gehen Sie allmählich nach oben. Spannen Sie den Fuß an, halten Sie ihn einige Sekunden lang fest und lassen Sie ihn dann los. Wiederholen Sie das Ganze nach Bedarf. Sie sollten sofort den

Unterschied zwischen diesem und dem anderen Fuß spüren - er wird leichter und entspannter sein. Wenn Sie die Übung beendet haben, sollte die Muskelspannung verschwunden sein, und Ihr Körper wird sich entspannen.

Wenn Sie den Park besuchen, setzen Sie sich, atmen Sie ein und nehmen Sie die frische Luft aus der Natur ein. Atmen Sie tief ein und lassen Sie die Luft in Ihrer Brust etwas ruhen, bevor Sie ausatmen. Achten Sie auf die Vögel, die Bäume, den Himmel. Dies ist nicht die Zeit, um über den Chef nachzudenken, den Sie nicht zufrieden zu stellen scheinen, oder über die Rechnungen, die sich auftürmen, oder über die Beziehung, die in die Brüche ging, nachdem Sie so viel in sie investiert hatten. Das, die Sorgen über alle möglichen Dinge, wenn man auf einer Picknickdecke im Park sitzt, wäre eine schreckliche Verschwendung einer Gelegenheit, in einer schönen Gegenwart zu leben.

Wenn Sie beim Mittagessen am Esstisch sitzen, regen Sie sich nicht über all die Aufgaben auf, die Sie scheinbar nicht erledigen können. Konzentrieren Sie sich auf Ihr Essen. Atmen Sie das herrliche Aroma ein. Achten Sie auf die Zutaten und Gewürze mit all ihren Farben und Texturen, die sie haben. Nehmen Sie einen Bissen, kauen Sie langsam und lassen Sie die Aromen verschmelzen und Ihre Zunge verwöhnen. Achten Sie darauf, wie sich der Geschmack des Essens verändert, während Sie weiter kauen. Fühlen Sie, wie das Essen Ihre Kehle hinuntergeht, und stellen Sie sich all das Gute vor, das es Ihrem Körper bringt. Wiederholen Sie Bissen für Bissen, bis Sie die Fülle spüren. Sie werden überrascht sein, dass etwa eine halbe Stunde verstrichen ist, während Ihr Geist auf das Essen konzentriert war, während alle anderen Sorgen in weiter Ferne lagen. Wenn Sie von dieser positiven Benommenheit zurückkommen, wird Ihr Geist klar sein, und Sie können dann mit Ihren anderen Aktivitäten präzise fortfahren.

Spüren Sie während der körperlichen Übung die Empfindungen, die Ihr Körper macht, wenn er sich bewegt. Spüren Sie, wie sich die Muskeln anspannen und entspannen. Spüren Sie den Druck auf Ihre Füße, wenn sie auf der Joggingstrecke landen. Beachten Sie, dass sich Ihre Emotionen zu positiveren verschieben, wenn der Körper Endorphine freisetzt, die Sie glücklicher machen. Spüren Sie, wie die Wellen beim Schwimmen gegen Ihre Haut reiten. Hören Sie auf jede Empfindung, ohne sie überzubewerten. Lassen Sie die begleitenden Gedanken ohne Beurteilung kommen und gehen. Wenn Sie sich im Freien bewegen, richten Sie Ihre Aufmerksamkeit auf die Elemente der Natur. Spüren Sie den Wind in Ihrem Haar und die Wärme der Sonne auf Ihrer Haut. Zusätzlich zu den vielen Vorteilen der körperlichen Bewegung lässt Sie die Achtsamkeit dabei in einer unvergleichlichen Ruhe.

Der Anfang

Möglicherweise sind Sie in Ihrem Kopf so an Multi-Tasking gewöhnt, dass der Gedanke, sich nur auf den gegenwärtigen Moment zu konzentrieren, unhaltbar klingt. Wenn Sie gerade erst anfangen, beginnen Sie damit, zu lernen, wie man sich konzentriert. Die Meditationsmethode eignet sich am besten für Anfänger. Hier konzentrieren Sie sich auf die natürliche Atmung und die Wiederholung eines Satzes.

Am Anfang fühlt es sich vielleicht nicht entspannend an. Es kann sogar sein, dass Sie am Anfang mit dem gesamten Konzept zu kämpfen haben. Der Geist braucht etwa 20 Minuten oder so, bis er sich beruhigt hat, und länger für andere. Halten Sie sich nicht mit der Schwierigkeit auf. Gehen Sie mit dem Fluss. Atmen Sie, wiederholen Sie den Satz und lassen Sie die Gedanken dann davonfließen.

Wenn Sie immer noch nicht den Dreh raus haben, suchen Sie sich Gesellschaft. Wenn jemand neben Ihnen die gleiche Technik versucht, werden Sie ermutigt, es weiter zu versuchen. Sie können auch einen Fachmann beauftragen, der Ihre Praxis beobachtet und Verbesserungen empfiehlt, die Sie übernehmen können.

Vorteile des Achtsamkeit-Ansatzes

Indem Ihnen beigebracht wird, wie Sie sich jeweils auf eine Sache konzentrieren können, verstärkt dieser Ansatz Ihre Konzentration. Jedes Mal, wenn Sie Ihre Gedanken rasen sehen, können Sie sie nun so umlenken, dass sie sich auf eine bestimmte Sache konzentrieren.

Ein Gedanke, der in den Techniken mehrfach wiederholt wurde, ist der, die Gedanken vorbeiziehen zu lassen. Hier betrachten Sie die Gedanken, als ob sie eine von Ihnen selbst getrennte Einheit wären. Sie kommen und gehen. Sie können diese Technik auf andere Bereiche Ihres Lebens anwenden. Wenn Gedanken zu einem bestimmten Thema Sie beunruhigen, können Sie sie passieren lassen. Lassen Sie nicht zu, dass sie Ihren Verstand in ein Schlachtfeld verwandeln.

Bedeutet das, dass Sie die Probleme, die Sie durchmachen, ignorieren? Ganz und gar nicht. Wir haben bereits erwähnt, dass Sie eine "Sorgenzeit" einplanen sollten, in der Sie rational über Ihre Probleme nachdenken und Schritte zu deren Lösung unternehmen. Überdenken und sich Sorgen zu machen, macht keinen Unterschied. Halten Sie sich daher außerhalb der Sorgenzeit nicht mit den Gedanken auf - lassen Sie sie einfach kommen und gehen.

Indem Sie Emotionen durchgehen lassen, wie sie zum Beispiel in einer der Achtsamkeitstechniken betont werden, lernen Sie etwas über Akzeptanz. Sie verstehen, dass es Situationen geben wird, die Sie traurig, wütend oder frustriert machen. Das liegt in der Natur des Lebens. Wenn die Emotionen kommen, können Sie sie ohne Beurteilung loslassen.

Sie müssen nicht bei demjenigen verweilen, der Ihnen Unrecht getan hat. Sie müssen nicht hinterfragen, was sie dazu bringt, sich so zu verhalten, wie sie es getan haben. Sie werden auch keine Zeit damit verbringen, sich zu fragen, warum Ihnen so etwas passieren würde. Sie werden es einfach vorübergehen lassen.

Achtsamkeit ist eine wirksame Technik ist der Umgang mit Stress, Angst- und Panikattacken. Diese Zustände werden durch die ständige Besorgnis darüber hervorgerufen, was geschieht und was in der Zukunft geschehen könnte. Sie könnten unter diesen Bedingungen leiden, wenn Sie mit Verlust, Scheidung, Sorgerechts Streitigkeiten, finanziellen Zwängen, Arbeitsproblemen, instabilen Beziehungen und so weiter zu tun haben.

Wann immer Sie sich von den Sorgen überwältigt fühlen, können Sie diese Gedanken vorübergehen lassen und Ihre Aufmerksamkeit auf Ihre unmittelbare Umgebung verlagern.

Wie das CBT lehrt, übertragen sich Ihre Gedanken auf Ihre Handlungen. Wenn Sie im Geist unruhig sind, wird sich das auch körperlich manifestieren. Sie werden herumzappeln und herumlaufen, versuchen, eine Aufgabe der anderen zu erfüllen, aber es wird Ihnen nicht gelingen, etwas Sinnvolles zu erreichen. Sobald Sie etwas Ruhe in Ihren Geist bringen und ihm erlauben, sich auf etwas zu konzentrieren, werden Sie auch körperlich in der

Lage sein, sich auf etwas zu konzentrieren. Das erlaubt Ihnen, Ihre Zeit richtig zu nutzen und bedeutende Arbeit zu erledigen.

Wenn man mit einer Panikattacke zu tun hat, klingt "sich auf den Moment konzentrieren" so, als ob es alles nur noch schlimmer machen würde. Hier können Sie die Meditationstechnik anwenden, die meist mit Atmen und Singen verbunden ist. Sogar die Atmung allein kann gehen, wenn Sie zu atemlos sind, um die Worte auszusprechen. Hyperventilation, die oft durch Panikattacken hervorgerufen wird, veranlasst Sie zu schnellen, flachen Atemzügen. Dadurch wird die Menge an Sauerstoff, die durch Ihr System strömt, eingeschränkt, was die Situation noch verschlimmert. Tiefes Einatmen führt zu einem Zufluss von Sauerstoff, der Ihnen hilft, die Attacke zu überwinden.

Die Achtsamkeits-Techniken sind einfach und können fast überall durchgeführt werden. Wenn die Angst Sie zu überwältigen scheint, können Sie sich etwa eine halbe Stunde Zeit nehmen, um Achtsamkeit zu üben und Ihre Sinne wieder ins Gleichgewicht zu bringen.

Achtsamkeit wirkt auf die aktuelle Situation und auch auf die Zukunft. Wie jede andere Fähigkeit braucht es Übung, um sie zu perfektionieren. Je mehr man sich mit Achtsamkeit beschäftigt, desto besser wird man darin. Am Anfang braucht es viel, um die aufkeimenden Gedanken aus Ihrem Kopf zu entfernen - und selbst wenn Sie das tun und versuchen, sich auf die Gegenwart zu konzentrieren, werden ein oder zwei verirrte Gedanken versuchen, sich einzumischen. Mit der Zeit wird man besser. Sie sind in der Lage, sich bis zu einer halben Stunde ohne Unterbrechungen auf den aktuellen Moment zu konzentrieren. Irgendwann sind Sie ein Profi, mit der Fähigkeit, sich in Sekundenbruchteilen von Ihren Sorgen zu lösen und sich im

Moment einweichen zu lassen. Achtsamkeit ist ein willkommenes Geschenk für alle, die unter Stress und Ängsten leiden, aber auch für diejenigen, die sie in Schach halten wollen. Üben Sie Achtsamkeit so oft Sie können, und sie wird Ihnen in der Stunde der Not nützlich sein.

Schlussfolgerung

Wir freuen uns, dass Sie es bis zum Ende dieses Buches zum Umgang mit Stress und Angstzuständen geschafft haben. Sie haben vielleicht schon andere Mittel ausprobiert, aber jetzt, wo Sie hier sind, können wir davon ausgehen, dass sie nicht funktioniert haben. Ist CBT die Lösung für Sie? Nun, diese Entscheidung überlassen wir Ihnen. Unser Ziel hier war es, sicherzustellen, dass wir die umfassendsten Informationen über CBT zur Verfügung stellen und die meisten, wenn nicht sogar alle Fragen beantworten, die Sie vielleicht haben. Wir hoffen definitiv, dass wir das zu Ihrer Zufriedenheit erreicht haben.

Jetzt, da Sie gut informiert sind, können Sie damit beginnen, Maßnahmen zu ergreifen, die Ihren Geist von den negativen Emotionen befreien, die Sie geplagt haben. Haben Sie die Überzeugungen und Denkmuster identifiziert, die Ihren Stress, Ihre Panikattacken oder Angstgefühle geschürt haben? Denken Sie daran, dass es nicht auf die Umstände ankommt, sondern darauf, wie Sie in Ihrem Kopf darauf reagieren - das macht den Unterschied aus.

Formulieren Sie einen Plan, um die Veränderungen vorzunehmen, die Sie brauchen. Beginnen Sie, positiv mit sich selbst zu sprechen. Statt sich mit den negativen Dingen, die Sie erlebt haben, aufzuhalten, kultivieren Sie ein Herz der Dankbarkeit, indem Sie zählen, was Sie haben.

Holen Sie sich einen Partner, der Sie begleitet - einen, mit dem Sie in aller Ruhe sprechen und die Gefühle ausdrücken können, die Sie gerade durchleben. Ob Sie sich einen Freund/ein Familienmitglied aussuchen oder zu einer professionellen Therapiesitzung gehen, die Wahl liegt bei Ihnen, je nach Ihren Umständen. Wie dem auch sei, etwas Gesellschaft an Ihrer Seite erhöht die Chancen, sich an das Programm zu halten und Ihren emotionalen Stress endgültig loszuwerden.

Sie müssen nicht sofort einen radikalen Wandel herbeiführen. Das Ändern von Überzeugungen und Denkmustern, die schon so lange zu Ihrem Leben gehören, wird Zeit brauchen. Fangen Sie an, ein Heilungsjournal zu schreiben, damit Sie immer notieren können, wie Sie sich fühlen, und die Muster - positiv oder negativ - identifizieren können, die sich auf dem Weg dahin bilden. Sie werden diese Informationen nutzen, um mit bestimmten Techniken zu bestimmen, welche für Sie funktionieren und welche nicht.

Geben Sie nicht auf, wenn Sie nicht sofort signifikante Veränderungen feststellen. Kognitive Verhaltenstherapie ist keine schnelle Lösung. Die Veränderung ist langsam, aber sicher. Es kann sein, dass Sie auf dem Weg dorthin immer noch Phasen von Stress und Angst erleben, aber diese sollten im Laufe der Zeit abnehmen.

Stress, Angst und Panikattacken können eine große Delle in Ihrem Leben hinterlassen. Sie berauben Sie nicht nur der Ruhe und Energie, die Sie für Ihre täglichen Aktivitäten benötigen, sondern erhöhen auch Ihr Risiko für andere Krankheiten. Eine schlechte Gesundheit erhöht nur Ihren Stress, von da an geht es in einer Abwärtsspirale nach unten.

Das muss nicht unbedingt Ihre Geschichte sein. Sie können Ihre Gedanken in die Hand nehmen und sie in eine positive Richtung lenken. Sie können Ihren Körper und Ihren Geist zurückstellen, um sich der Auslöser bewusster zu werden und angemessen darauf zu reagieren. Der Umgang mit Angst oder Stress ist nicht unerreichbar - Sie können diese Therapieform nutzen, um Ruhe und Frieden wiederzugewinnen und Ihr Leben in vollen Zügen zu leben.

Alkoholabhängigkeit Auf Deutsch/ Alcohol addiction In German:

Wie man mit dem Trinken aufhört und sich von der Alkoholabhängigkeit erholt

Einführung

Alkoholismus ist eine extreme Abhängigkeit vom Alkoholkonsum, um in der Gesellschaft funktionieren zu können. Er bezieht sich auch auf die Krankheiten des Geistes und die extremen Verhaltenszwänge, die eine direkte Folge des übermäßigen Alkoholkonsums sind. Alkoholismus ist eine kontinuierliche Krankheit, die durch zwanghaftes Trinken von alkoholischen Getränken im Übermaß erkennbar ist. Diese Praxis führt zu physischer und psychischer Abhängigkeit. Menschen, die Alkoholiker sind, sind nicht in der Lage, ihren Alkoholkonsum zu kontrollieren. Sie haben keine wirkliche Kontrolle über das Bedürfnis, oft und übermässig zu trinken. Diese Tendenz zeigt sich oft als Unfähigkeit, regelmäßig zur Arbeit zu gehen oder bei der Arbeit gute Leistungen zu erbringen. Alkoholiker werden entweder viel zu viel sozialisieren oder nicht in der Lage sein, mit anderen zu verkehren. Viele Alkoholiker ziehen es vor, allein zu trinken, nicht nur, weil es ruhiger ist und sie sich auf das Trinken konzentrieren können, sondern auch, weil es keine anderen Menschen gibt, die beurteilen können, wie viel sie trinken.

Alkoholiker zeichnen sich oft durch ihr schlampiges Aussehen aus. Wenn der Alkoholismus überhand nimmt, hören die meisten Menschen irgendwann auf, regelmäßig zu baden, und kümmern sich nicht mehr um ihr persönliches Aussehen. Sie schneiden oder waschen ihre Haare nicht. Sie wechseln ihre Kleidung nicht regelmässig und ihre Kleidung ist oft mit Nahrungsmitteln verunreinigt und stinkt nach menschlichem Körpergeruch. Einige Alkoholiker zeigen gewalttätige Tendenzen. Der sanftmütigste Mensch der Welt kann zu einer bösartigen Bestie oder zu einem tobenden Verrückten werden, wenn der Alkohol seine Sinne übernimmt.

Menschen, die Alkoholiker sind, sind anfällig für bestimmte Krankheiten, die die Allgemeinheit nicht regelmässig betreffen. Alkoholiker haben ein erhöhtes Risiko, eine Hepatitis, eine Entzündung des Gewebes in der Leber, zu entwickeln. Sie leiden zudem am ehesten an einer Leberzirrhose, bei der das Gewebe durch die Auswirkungen anderer Erkrankungen, die die Leber betreffen, vernarbt wird. Alkoholiker haben auch ein erhöhtes Risiko, eine Alkoholvergiftung zu entwickeln, da alkoholische Getränke schnell und in kurzer Zeit konsumiert werden.

Alkoholismus kennt keine Grenzen. Jeder, überall und jederzeit, kann Alkoholiker werden. Er kennt keine Altersgrenze und bevorzugt auch nicht ein Geschlecht gegenüber dem anderen. Dem Alkoholismus ist es gleichgültig, ob man reich oder arm ist. Der Alkoholismus ist seit vielen Generationen eine Krise des öffentlichen Gesundheitswesens. Dies ist eine erstaunliche Tatsache, wenn man bedenkt, dass nur etwa die Hälfte der Menschen auf der Welt den gesamten Alkohol konsumiert. Es gibt viele Länder auf der Welt, in denen fast niemand aus religiösen Gründen irgendeine Form von Alkohol trinkt.

Ein Teil des Problems, und ein Teil des Grundes, warum Alkoholismus so leicht zu einem Problem werden kann, ist, dass Alkohol überall vorhanden ist. In den meisten Städten ist es unmöglich, die Straße entlang zu fahren, ohne an einem Schnapsladen, einer Bar oder einem Club vorbeizukommen. Viele Großstädte werben sogar für ihre beliebteren Bars. Alkohol kann bei vielen Aktivitäten gefunden werden, und viele Aktivitäten sind um den Alkoholkonsum herum entstanden. Denken Sie an den College-Campus und die Happy Hour in der Bar. Denken Sie an die Freitagabend-Mixer und die BYOB-Erinnerung (Bring Your Own Bottle), bei der der Gastgeber oder die Gastgeberin verschiedene Mixer zur Verfügung stellte. Und es gibt immer die

Feiertagsversammlungen, bei denen sogar Mehrgenerationen-Familien mit einem Glas Champagner auf das neue Jahr anstoßen.

Dem Alkoholismus ist es also egal, woher die Menschen kommen, was sie glauben oder womit sie ihren Lebensunterhalt verdienen. Alkoholismus ist eine Krankheit, die dort zuschlägt, wo und wann sie zuschlagen will. Manchmal sind ganze Familien Alkoholiker, und manchmal ist es eine Person in einer Familie von Abstinenzlern. Manchmal sind ein oder beide Elternteile Alkoholiker, aber die Kinder rühren nie einen Tropfen an. Manchmal trinken die Eltern überhaupt nicht oder nur in der Gesellschaft, und die Kinder werden zu Alkoholikern. Alkoholiker sind Hochschulabsolventen und Schulabbrecher. Alkoholiker haben Arbeit und Kinder. Alkoholiker fahren auf den gleichen Straßen wie alle anderen.,

Zahlreiche negative Auswirkungen werden durch Alkoholismus verursacht, der den menschlichen Körper vernichtet. Kein Bereich des Körpers ist gegen die negativen Auswirkungen von zu viel Alkohol immun. Und jede dieser Auswirkungen kann lebensverändernd oder sogar tödlich sein.

Die Kommunikationswege im Gehirn können durch zu viel Alkohol ernsthaft beeinträchtigt werden. Die Bahnen im Gehirn steuern den Weg bewusster Gedanken und werden durch ständiges Denken oder Ausüben einer Gewohnheit geschaffen. Alkohol kann diese Bahnen unterbrechen und Unterschiede in der Art und Weise verursachen, wie das Gehirn denkt und auf Reize reagiert. Er kann auch Veränderungen im Verhalten und in der allgemeinen Stimmung hervorrufen. Die Fähigkeit, klar zu denken und sich mit Anmut und Leichtigkeit zu bewegen, kann beeinträchtigt werden.

Übermäßiger Alkoholkonsum kann das Herz schädigen. Die erste Auswirkung des Trinkens auf den Körper ist in der Regel ein

Anstieg des Blutdrucks auf ein Niveau, das als gefährlich angesehen wird. Schlaganfälle sind eine direkte Ursache für hohen Blutdruck. Übermäßiger Alkoholkonsum ist auch für Herzrhythmusstörungen verantwortlich, bei denen das Herz nicht in einem regelmäßigen Rhythmus schlägt, sondern unregelmäßige Schläge erleidet. Dies kann zu einem Herzinfarkt führen. Die vielleicht schlimmste Auswirkung auf das Herz ist eine Krankheit namens Kardiomyopathie, die sich durch eine Fehlbildung des Herzmuskels auszeichnet, die eine Erschlaffung oder Dehnung einschließt. Diese körperliche Unregelmäßigkeit kann zu einer vollständigen Herzinsuffizienz führen.

Die Leber ist ein weiteres Organ, das durch zu viel Alkohol direkt betroffen ist. Sobald sich die Leber durch zu viel Alkohol entzündet, besteht ein erhöhtes Risiko, eine Hepatitis zu entwickeln, die aufgrund der Leberentzündung möglicherweise nicht heilbar ist. Übermässiger Alkoholkonsum kann auch zu einer Erkrankung namens Fettleber führen, bei der überschüssiges Fett in der Leber gespeichert wird und die Leber Schwierigkeiten hat, dieses überschüssige Fett zu entfernen, weil sie Schaden erlitten hat. Die schlimmste Schädigung der Leber ist möglicherweise eine Krankheit namens Leberzirrhose, bei der es sich um eine abnorme Vernarbung der Leber handelt, die nicht durch eine normale Leberregeneration ersetzt werden kann. Wenn eine Leberzirrhose vorliegt, ist die einzige Heilung die Transplantation einer gesunden Leber.

Die meisten Menschen vergessen, dass die Auswirkungen des Alkoholismus auch die Bauchspeicheldrüse schädigen können. Die Bauchspeicheldrüse ist das Organ, das Verdauungssäfte in den Dünndarm absondert, um die Verdauung zu unterstützen. Die Bauchspeicheldrüse ist auch für die Produktion und Sekretion von

Insulin in die Blutbahn verantwortlich. Insulin ist die Chemikalie im Körper, die den Blutzucker kontrolliert.

Neben den enormen Gesundheitsproblemen, die mit Alkoholismus verbunden sind, gibt es auch Probleme, die mit einem Verhalten verbunden sind, das dem Trinker schaden kann. Menschen, die betrunken sind, haben oft keine Angst und könnten sich in gefährlichen Situationen befinden. Sie können versuchen, sich gegen andere Menschen zu wehren. Sie können schädliche Aktivitäten unternehmen, wie z.B. hohe Strukturen besteigen oder zu Fuß gehen, wo es gefährlich sein könnte. Autofahren ist das Schlimmste, was ein Betrunkener tun kann, denn er riskiert nicht nur sein eigenes Leben, sondern auch das Leben anderer.
Alkoholismus ist ein gefährlicher Zustand, der viele negative Auswirkungen auf den menschlichen Körper und folglich auf das Leben selbst haben kann.

Kapitel 1: Alkoholabhängigkeit und gesundheitliche Herausforderungen

Alkoholismus, auch bekannt als Alkoholsucht, betrifft Menschen in allen Lebensbereichen. Viele Experten haben sich mit Alkoholikern beschäftigt und nach einem gemeinsamen Faktor für das, was zu Alkoholismus führen könnte, gesucht. Aber der Alkoholsucht ist es egal, ob eine Person männlich oder weiblich, reich oder arm ist, oder welche Hautfarbe sie hat oder welcher Religion sie folgt. Leider gibt es keinen einzigen Faktor, der jemanden dazu veranlasst, Alkoholiker zu werden. Sie hat keine Hauptursache. Verhaltensbedingte, genetische und psychologische Faktoren tragen alle dazu bei, dass jemand eine Alkoholsucht entwickelt.

Alkoholismus ist eine Krankheit. Manche Menschen mögen argumentieren, dass es einfach ein Mangel an Willenskraft ist, dass Alkoholiker willensschwach sind und von sich aus aufhören könnten, wenn sie sich genügend anstrengen würden. Aber das ist bei der Alkoholsucht nicht der Fall. Das übermäßige Trinken, das den Alkoholismus verursacht, führt zu negativen Veränderungen in der Chemie des Gehirns. Eine Person, die an Alkoholsucht leidet, kann wirklich nicht in der Lage sein, ihre eigenen Handlungen zu kontrollieren.

Alkoholismus zeigt sich auf verschiedene Weise. Die Krankheit unterscheidet sich in der Schwere der Erkrankung, in der Häufigkeit des Alkoholkonsums und in der Menge des Alkoholkonsums. Manche Menschen trinken nur nach der Arbeit, wenn sie für den Tag fertig sind. Manche Menschen trinken mehrere Tage lang und bleiben dann für eine kurze Zeit nüchtern. Manche Menschen trinken den ganzen Tag über viel.

Der Schlüssel zur Alkoholabhängigkeit ist nicht das Muster des Trinkens. Der Schlüssel liegt darin, dass die Person nicht länger als eine kurze Zeit nüchtern bleiben kann, und die Person muss schließlich auf Alkohol angewiesen sein, um mit einer gewissen Normalität funktionieren zu können.

Die Symptome der Alkoholabhängigkeit können bei der Person schwer zu erkennen sein. Da Alkohol leicht erhältlich ist und bei vielen Feierlichkeiten eine Rolle spielt, wird er weithin als ein gesellschaftlich akzeptables Getränk angesehen. Daher kann es zumindest am Anfang schwierig sein, zu wissen, dass jemand ein Problem mit dem Alkoholkonsum hat. Die Gesellschaft ist inzwischen sehr geschickt darin, die Augen vor jemandem zu verschließen, der ein Alkoholproblem haben könnte.

Viele Anzeichen könnten auf Alkoholabhängigkeit hindeuten. Offensichtlich trinken Menschen mit einem Alkoholproblem viel mehr und viel häufiger als Menschen, die kein Alkoholproblem haben. Dadurch haben sie eine höhere Toleranz als die meisten Menschen, was bedeutet, dass sie mehr trinken müssen, um die Auswirkungen des Alkohols zu spüren. Alkoholiker haben oft keinen Kater, vielleicht weil sie nie wirklich nüchtern sind. Alkoholiker trinken normalerweise zu Zeiten, die andere Menschen als unpassend empfinden. Alkoholiker können das Bedürfnis verspüren, zu trinken, sobald sie aus dem Bett aufstehen, oder sie trinken zum Mittagessen am Arbeitsplatz. Menschen mit einer Alkoholabhängigkeit wollen nicht dorthin gehen, wo kein Alkohol angeboten wird. Diejenigen, die eine Alkoholabhängigkeit haben, können alte Freunde zugunsten neuer, starker Trinkkumpel zurücklassen. Sie werden anfangen, geliebte Menschen zu meiden, und vielleicht lügen sie sogar, wie viel sie wirklich trinken. Sie werden ihren Alkohol verstecken, so dass sie immer ein geheimes Versteck zur Verfügung haben. Es ist sogar bekannt, dass sich Alkoholiker während des Trinkens verstecken, z.B. indem sie mehr Zeit als nötig im Badezimmer oder in der Waschküche verbringen. Mit dem Fortschreiten der Krankheit wird der Alkoholiker immer abhängiger vom Alkohol, nur um den Tag zu überstehen. Er beginnt, emotionale Probleme wie Depressionen oder extreme Wut zu erleben, und leidet an übermäßiger Lethargie. Alkoholiker haben oft rechtliche Probleme, die damit einhergehen, dass sie wegen Trunkenheit in der Öffentlichkeit oder wegen Trunkenheit am Steuer verhaftet werden. Sie können auch mit Degradierungen am Arbeitsplatz oder sogar mit dem Verlust des Arbeitsplatzes konfrontiert werden.

Der Konsum von übermäßigen Mengen an Alkohol hat Auswirkungen auf das Gehirn, die erklären können, warum manche Menschen zu Alkoholikern werden. Wenn Menschen trinken, wird das chemische Gleichgewicht im Gehirn verändert. Alkohol ist ein Beruhigungsmittel, ein Depressivum und eine attraktive legale Droge für Menschen, die unter extremem Stress, Depressionen oder einem verminderten Selbstwertgefühl leiden. Nach nur einem Drink kann eine Person weniger ängstlich und selbstbewusster werden. Der Alkohol senkt die chemische Zusammensetzung in dem Teil des Gehirns, der mit der Hemmung von Gefühlen zu tun hat. Die Menschen bauen ein tiefes Verlangen auf, mehr Alkohol zu trinken, um die positiven Gefühle zu verstärken und die negativen zu reduzieren. Dieses tiefe Verlangen wird zu einem Verlangen, das schließlich zu Alkoholismus führen kann.

Leider kann die Genetik eine wichtige Rolle bei der Entscheidung spielen, wer ein Alkoholiker wird und wer nicht. Kinder, die mit Alkoholikern aufwachsen, werden viel eher selbst zu Alkoholikern. Dies kann auch auf andere Faktoren in der Umgebung, in der das Kind aufwächst, zurückzuführen sein, aber es wird vermutet, dass die Genetik bei der Alkoholabhängigkeit eine Rolle spielt.

Wenn man von Umweltfaktoren spricht, die zum Alkoholismus beitragen können, gibt es mehrere. Alkohol ist fast überall erhältlich, sogar im Lebensmittelgeschäft oder an der Tankstelle. Die Wahrscheinlichkeit, dass Menschen trinken, ist größer, wenn die Menschen in ihrer Umgebung trinken. Alkoholwerbung ist überall, denn Trinken soll cool sein. Trinken soll den sozialen Status einer Person aufwerten. Glückliche Menschen gehen auf Partys und trinken viel.

Alkoholiker können an einer Reihe von alkoholbedingten Gesundheitsproblemen leiden, die möglicherweise behandelbar sind oder auch nicht. Der häufige Konsum von zu viel Alkohol kann sich negativ auf fast jedes System im Körper auswirken. Wenn jemand mehr Alkohol konsumiert, als der Körper verwerten kann, wird der Überschuss in die Blutbahn geleitet. Das Herz zirkuliert dann ständig den Alkohol durch den Körper und versucht, einen Ort zu finden, an dem er gespeichert werden kann. Dies führt zu Veränderungen in der Chemie des Körpers und beeinträchtigt die normalen Funktionen des Körpers.

Der Körper verstoffwechselt den größten Teil des Alkohols, den er in der Leber konsumiert. Aus diesem Grund erleidet die Leber typischerweise so viel Schaden durch Alkoholismus. In der Leber wird Alkohol in eine toxische Chemikalie umgewandelt, die bekanntermaßen Krebs verursacht. Übermäßiger Alkoholkonsum führt dazu, dass sich überschüssiges Fett im Körper ansammelt und die normale Funktion der Leber beeinträchtigt wird. Die Leber kann sich leicht entzünden, wodurch der Körper eher eine Hepatitis entwickelt. Und die erhöhte Belastung der Leber führt zu einer als Zirrhose bezeichneten Erkrankung, die in der Leber Narben hinterlässt, die durch all die anderen schlechten Auswirkungen des Alkoholkonsums auf die Leber verursacht werden.

Auch die Bauchspeicheldrüse, das Organ, das für die Insulinversorgung des Körpers verantwortlich ist, kann durch übermäßige und langfristige Auswirkungen des Alkoholkonsums geschädigt werden. Die Bauchspeicheldrüse kann sich entzünden, und eine lange Entzündungsphase kann zu Bauchspeicheldrüsenkrebs führen.

Chronisch übermässiger Alkoholkonsum kann das Risiko erhöhen, verschiedene Krebsarten zu entwickeln, einschliesslich Brust-, Kehlkopf-, Magen-, Leber-, Mastdarm-, Dickdarm-, Speiseröhren- und Mundkrebs.

Zu viel Trinken schwächt die Funktion des Immunsystems. Eine geschwächte Immunität macht den Körper anfällig für viele

Krankheiten, die durch Infektionen wie Tuberkulose und Lungenentzündung verursacht werden. Wenn diese bei einem starken Trinker auftreten, wird es für ihn aufgrund seines geschwächten Immunsystems schwieriger, sich schnell oder gar nicht zu erholen.

Übermäßiger Alkoholkonsum verursacht Hirnschäden. Er ist die Ursache für verlangsamte Reaktionen, Gedächtnislücken, Probleme beim Gehen, Sprachprobleme wie das Verlangsamen von Wörtern oder die Notwendigkeit, nach Wörtern zu suchen, und Sehprobleme wie Unschärfe oder Doppelbilder. Alkoholiker verletzen sich oft bei Stürzen, die sich beim Trinken ereignen, weil sie stolpern oder Schwierigkeiten haben, Hindernisse zu sehen.

Menschen, die regelmässig zu viel trinken, leiden oft unter schlechter Ernährung und einem Mangel an Vitaminen, die der Körper braucht, um richtig zu funktionieren. Alkoholiker haben in der Regel schlechte Ernährungsgewohnheiten. Nährstoffe aus der Nahrung werden vom Körper aufgrund der verminderten Funktion des Magen-Darm-Trakts nicht richtig verwertet. Die durch den ständigen Alkoholkonsum geschädigten Zellen im Körper sind nicht in der Lage, Nährstoffe richtig aufzunehmen. Die Magenschleimhaut kann sich auflösen und zu bluten beginnen, was eine schlechte Aufnahme von Nährstoffen verursacht.

Osteoporose führt zu einem erhöhten Risiko für Knochenbrüche und Arthritis. Alkoholkonsum stört die Fähigkeit des Körpers, Vitamin D und Kalzium aufzunehmen, was zu einer drastischen Schwächung der Knochenstruktur führt. Wer zu viel trinkt, leidet häufiger an Knochenbrüchen als Menschen, die nicht zu viel trinken. Dies gilt umso mehr, wenn Teenager und junge Erwachsene übermäßig viel trinken. Sie können Veränderungen in der Knochenstruktur des Körpers verursachen, die in späteren

Jahren zu Osteoporose führen, auch wenn keine anderen Risikofaktoren für Osteoporose vorhanden sind.

Starker Alkoholkonsum verursacht hohen Blutdruck, der zu Schlaganfällen führen kann. Alkoholiker haben ein erhöhtes Risiko, an einer Herzinsuffizienz zu erkranken, da das Herz bei dem Versuch, den überschüssigen Alkohol aus dem Körper zu filtern, eine erhöhte Arbeitsbelastung erleidet.

Jede Menge Alkoholkonsum kann zu einer Zunahme der Unfälle führen. Alkoholiker leiden häufig unter häuslicher Gewalt, Autounfällen, versehentlichem Ertrinken, Ausrutschen und Stürzen sowie Selbstmord als Menschen, die keine Alkoholiker sind.

Wenn eine Person mit dem Trinken aufhört, ergeben sich zahlreiche gesundheitliche Vorteile. Der erste Nutzen ist einfach ein besseres Gesamtgefühl. Ohne ständig einen Überfluss an Alkohol verarbeiten zu müssen, wird der Körper beginnen, sich selbst zu reinigen. Die Systeme im Körper erhalten ihre natürliche Funktion zurück und beginnen, sich dem Normalzustand anzunähern. Der Körper muss nicht mehr so viele Giftstoffe verarbeiten, damit er diese Energie für andere Dinge nutzen kann. Auch der Geist beginnt besser zu funktionieren. Der Verstand wird klarer und konzentrierter sein. Die Gedanken werden gut fokussiert sein und mehr Sinn ergeben. Die Haut wird anfangen, besser, weicher und jugendlicher auszusehen. Frühere Hautirritationen beginnen sich zu klären. Alkohol führt dazu, dass der Körper austrocknet, und ein Mangel an Hydratation führt dazu, dass die Haut austrocknet und älter aussieht. Übermäßiger Alkoholkonsum führt auch dazu, dass die Haut im Gesicht gerötet aussieht, weil winzige Blutgefäße aufgrund des hohen Blutdrucks reißen. Auch die Zellen des Körpers werden effizienter funktionieren. Sie sind besser in der Lage, Vitamine und Nährstoffe aufzunehmen, was den Körper insgesamt gesünder macht. Alkohol ist ein kalorienreiches Getränk. Menschen, die mit dem Trinken aufhören, stellen oft fest, dass sie leicht abnehmen. Und da die Kalorien des Alkohols völlig nährstofffrei sind, ermöglicht der Ersatz durch nahrhafte Lebensmittel dem Körper den Zugang zu mehr natürlichen Vitaminen. Das Herz wird gesünder. Die Leber wird sauberer und sich einer besseren Funktion erfreuen.

Es gibt noch weitere Vorteile, die mit dem Aufhören des Trinkens verbunden sind. Nüchterne Menschen sind in der Lage, Verbindungen zu anderen Menschen herzustellen. Nüchternheit führt zu einem erneuten Wunsch, mit Freunden und Verwandten in Kontakt zu treten, Beziehungen, die vielleicht zugunsten einer Nacht mit Alkohol vernachlässigt wurden. Trinken verursacht Isolation und Einsamkeit. Es ist natürlicher, sich mit anderen Menschen verbinden zu wollen als mit Alkohol. Menschen, die mit dem Trinken aufgehört haben, haben mehr Zeit, um sich mit einem vergessenen Hobby wieder zu verbinden oder sogar ein neues zu erlernen. Trinken ist zeitaufwendig. Es nimmt viel Zeit weg von produktiveren Aktivitäten. Nüchterne Menschen finden es einfacher, besser und regelmäßiger zu schlafen. Menschen, die mit dem Trinken aufgehört haben, finden es leichter, sich zu konzentrieren und wachsam zu sein.

Alkoholismus ist eine schrecklich lähmende Krankheit. Er verursacht massive Gesundheitsprobleme, die zu schweren Behinderungen oder sogar zum frühen Tod führen können. Er verursacht zahlreiche psychische Gesundheitsprobleme. Alkoholismus ruiniert nicht nur das normale Leben, sondern er ersetzt auch das normale Leben. Die Entscheidung zum Aufhören und das Durchhalten bringt wunderbare Vorteile für Körper und

Geist und ermöglicht die Rückkehr zu einem sinnvolleren, erfüllteren Leben.

Kapitel 2: Wie Alkoholismus entsteht

Alkoholismus ist eine Krankheit, die durch die Beeinträchtigung durch ständigen und übermäßigen Alkoholkonsum gekennzeichnet ist. Diese Beeinträchtigung kann direkt zu physiologischen, sozialen oder psychologischen Funktionsstörungen führen. Beim Alkoholismus geht es nicht nur darum, wie viel ein Mensch trinkt. Viele Menschen trinken gelegentlich zu viel und sind keine Alkoholiker. Alkoholismus ist eher eine Funktion der Auswirkungen des Alkohols auf die Person. Wenn das Trinken andere Probleme im Leben verursacht, dann besteht eine gute Chance, dass diese Person ein Alkoholiker ist. Leider ist der Alkoholismus zu einer weit verbreiteten Krankheit geworden.

Die Alkoholabhängigkeit beginnt oft ganz unschuldig. Die Menschen beginnen nicht mit der Vorstellung, ein Alkoholiker zu sein. Alkohol ist ein Getränk, das bei vielen sozialen Veranstaltungen leicht erhältlich ist. Die Menschen versammeln sich, um ein paar Drinks zu trinken und eine gute Zeiten zu haben. Das Problem beginnt, wenn die Menschen, nachdem sie gesehen haben, wie gut sie sich nach ein paar Drinks auf der Party letzte Woche gefühlt haben, einen Drink nehmen, um den Stress eines langen Arbeitstages abzubauen. Immer wenn jemand mit dem Trinken beginnt, um Stress abzubauen oder um ein anderes Problem zu verdecken, setzt er einen gefährlichen Präzedenzfall. Denn sobald Alkohol als Problemlöser oder Problemmaskierer eingesetzt wird, steht die Bühne für den Beginn des Alkoholismus bereit.

Wenn man verstehen kann, wie die Alkoholabhängigkeit beginnt und wie sie sich entwickelt, kann man leichter erkennen, wenn es ein Problem mit sich selbst oder einem geliebten Menschen gibt.

Wenn man weiß, wie Alkoholismus funktioniert, kann man ihn leichter bekämpfen.

In den frühen Stadien des Alkoholismus beginnen die Menschen negative Erfahrungen zu machen, die direkt mit übermäßigem Alkoholkonsum zusammenhängen. Zu diesen negativen Erfahrungen gehören Erinnerungsausfälle, Gewalt gegenüber anderen Menschen, Streitigkeiten mit den ihnen am nächsten stehenden Personen und Kater. Ein Kater ist die Folge von zu viel Alkohol am Vorabend. Er ist gekennzeichnet durch Kopfschmerzen, Müdigkeit, übermäßigen Durst, Mundtrockenheit und Übelkeit. Ein Blackout ist genau das, wonach es benannt ist: Die Person, die getrunken hat, hat die Erinnerung an die Zeit, in der sie getrunken hat, verdunkelt. Sie haben wenig bis gar keine Erinnerung an die Nacht davor. In der Frühphase des Alkoholismus merken die Menschen, dass ihre Toleranz zunimmt. Sie müssen ständig mehr und mehr Alkohol trinken, um das gleiche gute Gefühl wie vorher zu bekommen. Vielleicht suchen sie sich neue Orte zum Trinken und neue Menschen, mit denen sie trinken können, so dass niemand genau weiß, wie viel sie wirklich trinken.

In der mittleren Phase des Alkoholismus beginnt das Leben sich in eine Spirale zu begeben. Die Person beginnt, die Kontrolle über ihr Leben zu verlieren. Normalerweise leugnet sie, dass es irgendein Problem gibt. Aber jetzt trinkt die Person mehr als zuvor. In diesem Stadium ist die Sucht fest verankert. Menschen, die versuchen, ohne fremde Hilfe mit dem Trinken aufzuhören, haben oft keinen Erfolg. Das Arbeitsleben kann beginnen, bergab zu rutschen, und das Privatleben bietet mehr Probleme als Lösungen. Sie können damit beginnen, den morgendlichen Kater mit einem frühen Drink zu behandeln. Auch in diesem Stadium beginnt die Person Depressionen oder Angstzustände zu erleben. Und selbst das Vorhandensein von Problemen, die direkt mit dem Trinken zusammenhängen, wie rechtliche Probleme oder emotionale und körperliche Probleme, reichen nicht aus, um das Trinken zu beenden.

Wer lange genug trinkt, wird schliesslich das letzte Stadium des Alkoholismus erreichen. In diesem Stadium hat die Person völlig die Kontrolle über alles verloren. Sie hat keine sinnvollen persönlichen Beziehungen mehr, weil alle wichtigen Menschen in ihrem Leben sie wahrscheinlich verlassen haben. Sie haben möglicherweise ihren Arbeitsplatz verloren und wahrscheinlich schwere finanzielle Probleme. Dies ist auch die Phase, in der übermäßiger Alkoholkonsum genug Gesundheitsprobleme verursacht, so dass die Gesundheit der Person ernsthaft in Mitleidenschaft gezogen wurde. Wenn die Person zu diesem Zeitpunkt mit dem Trinken aufhören will, wird sie auf jeden Fall professionelle Hilfe benötigen. Wenn sie nicht trinkt, wird sie Entzugserscheinungen erleben, die Schlafprobleme, Reizbarkeit, Übelkeit, starkes Schwitzen und Zittern umfassen können. Die Person kann Halluzinationen oder wahnhafte Gedanken bekommen.

Aber woher kommt der Alkoholismus? Die Antworten darauf sind äußerst vielfältig. Während die Alkoholabhängigkeit mit dem Trinken beginnt, führen viele verschiedene Faktoren dazu, dass eine Person dazu neigt, ein Alkoholiker zu werden.

Manchmal ist das Trinken im Übermaß eine familiäre Gewohnheit. Es gibt Familien, die bei jeder Familienfunktion immer Alkohol zur Verfügung stellen. Jede Ausrede ist eine gute Ausrede, um einen Drink zu nehmen. Diese Familien haben oft auch eine Sucht nach anderen Dingen. Sie essen vielleicht zu viel, übertreiben den Wettkampf im Sport oder streben ständig danach, besser zu sein als jede andere Familie im der Straße. Die Menschen haben in der Regel nicht nur eine einzige Sucht; sie haben in der Regel süchtig machende Persönlichkeiten und Alkohol ist die Droge der Wahl.

Stress kann dazu führen, dass Menschen übermäßig viel trinken. Häufig nehmen Menschen einen Drink, um den Stress des Tages abzubauen. In den frühen Stadien der Alkoholabhängigkeit entdecken die Menschen, dass ein paar soziale Getränke die Sorgen des Tages wegspülen. Ein wenig Alkohol lässt alles besser aussehen und sich besser anfühlen. Sie erinnern sich an dieses Gefühl, und wenn sie einen schlechten Tag gehabt haben, nehmen sie ein oder zwei Drinks, um "die Dinge etwas zu lindern". Bald nehmen sie ein paar Drinks, wenn sie einen schlechten Tag haben. Dann führen ein paar Drinks zu ein paar weiteren Drinks.

Trinken zur Linderung von Stress und Trinken zur Selbstmedikation gehen Hand in Hand. Ein Weg zur Selbstmedikation ist die Einnahme von ein paar Getränken zur Linderung des täglichen Stresses. Manchmal trinken Menschen, um den Schmerz vor einer körperlichen Verletzung zu verbergen. Häufiger trinken Menschen, um den Schmerz vor einer emotionalen Verletzung zu verbergen. Menschen trinken, um den Schmerz zu dämpfen, den sie empfinden, wenn ein geliebter Mensch stirbt. Menschen trinken, um den Schmerz einer schief gelaufenen Liebe auszulöschen. Menschen trinken, um Gefühle der Unzulänglichkeit in einer sozialen Situation zu verbergen. Manchmal trinken Menschen, um den Schmerz einer Art von Missbrauch oder Vernachlässigung zu verbergen.

Und manche Menschen trinken, um die Misserfolge, die sie im Leben empfinden, zu verdecken. Menschen, die bei einer Beförderung abgelehnt wurden, Menschen, die ihr Berufsleben ansonsten hassen, Menschen, die ihr Familienleben nicht ertragen können - das sind alles Menschen, die trinken, um die Misserfolge des Lebens, die sie erlebt haben, zu vertuschen. Ihr Leben ist nicht so verlaufen, wie sie es sich erhofft haben, also trinken sie, um sich selbst besser zu fühlen.

Der Alkoholismus beginnt leise und greift ohne Vorwarnung an. Er kann unschuldig beginnen, mit einem oder zwei Drinks, bis zu dem Tag, an dem er sich in ein böses Monster verwandelt, das das Leben übernimmt.

Kapitel 3: Der Befähiger

Die meisten Alkoholiker würden ohne die Hilfe eines Befähigers nicht sehr lange alkoholkrank bleiben. Der Befähiger hilft dem Alkoholiker, seine Sucht vor der Welt zu verbergen. Der Befähiger ist die Person, die sich all den schlimmen Dingen im Zusammenhang mit dem Alkoholismus stellt, damit der Alkoholiker weiterhin so tun kann, als ob mit seinem Trinken alles in Ordnung wäre, als ob es in seiner Welt kein wirkliches Problem gäbe.

Der Befähiger ist nicht bereit, zuzugeben, dass es ein Problem mit dem Alkoholiker gibt. Er wird entweder über die Existenz des Problems hinwegsehen oder so tun, als ob das Problem nicht existiert, als ob es nur in der Vorstellung anderer Menschen lebt.

Für den Befähiger ist der Süchtige nie die Person, die schuldig ist. Das Problem liegt bei allen anderen. Entweder war der Chef zu hart, der Job zu anspruchsvoll, die Kinder zu laut, der Verkehr zu schlimm - das Problem ist nie die Schuld des Süchtigen und immer die Schuld von irgendetwas oder irgendjemand anderem.

Angst ist oft ein großer Motivator für den Befähiger. Oftmals handeln Süchtige irrational oder wütend. Sie können alle Probleme des Lebens auf den Befähiger schieben. Ihr Verhalten ist oft so beängstigend, dass der Befähiger alles in seiner Macht Stehende tun wird, um Situationen zu vermeiden, in denen der Alkoholiker einen Grund hat, an ihnen Schuld zu finden.

Der Befähiger wird bei allem und jedem lügen. Der Befähiger wird den Chef des Alkoholikers anlügen und behaupten, dass er wieder einmal krank ist. Der Befähiger wird so tun, als ob mildernde Umstände sie daran hindern würden, zu einer weiteren

Familienveranstaltung oder einem weiteren Treffen von Freunden zu kommen. Sie werden immer die Schuld auf sich selbst schieben.

Der Süchtige wird in den Augen des Befähigers immer an erster Stelle stehen. Im Leben des Befähigers werden die Bedürfnisse des Süchtigen immer wichtiger sein, auch wenn das bedeutet, dass er seine eigenen Bedürfnisse vernachlässigt. Der Wunsch, geliebten Menschen zu helfen, ist zwar normal, aber der Befähiger geht noch einen Schritt weiter.

Befähiger haben oft große Schwierigkeiten, Emotionen zu zeigen. Sie haben oft Probleme damit, ihre innersten Gefühle zu zeigen, besonders wenn sie glauben, dass der Süchtige sie dafür negativen Gedanken, Worten oder Taten aussetzen wird.

Der Befähiger kümmert sich um viele grundlegende Funktionen für den Alkoholiker, so dass sie viele der negativen Aspekte des Süchtigen vermeiden. Der Befähiger wird immer dafür sorgen, dass es genug von der richtigen Art von Alkohol im Haus gibt. Der Befähiger räumt alle Unordnung auf, die der Befähiger hinterlässt, sei es, dass er eine Lampe in betrunkenem Zustand durch das Haus torkeln zerbricht oder sich sogar im Rausch erbricht. Der Befähiger wird andere belügen und Ausreden für den Alkoholiker erfinden, wobei er sogar so weit geht, die ganze Schuld für die Situation selbst auf sich zu nehmen. Und der Befähiger wird die elende Misshandlung durch den Alkoholiker ertragen, so dass kein anderer seinen Missbrauch erleiden muss. Der Befähiger bemüht sich, die Situation besser erscheinen zu lassen, als sie wirklich ist, damit der Alkoholiker sich frei fühlt. Da Alkohol und sein Gebrauch in der heutigen Gesellschaft so weit verbreitet sind, ist die Entscheidung zum Ausstieg nicht immer einfach. Es kann für jeden ein Kampf sein, selbst für die Person mit der grössten persönlichen Entschlossenheit. Wenn sich ein Alkoholiker entscheidet, mit dem Trinken aufzuhören, ist das keine vorübergehende Entscheidung, wie eine neue Ernährung oder das Training für einen Marathon. Wenn ein Alkoholiker mit dem Trinken aufhört, muss es eine lebenslange Entscheidung sein. Was eine Person zum Alkoholiker macht, ist die Unfähigkeit, den eigenen Alkoholkonsum zu kontrollieren, die Menge des konsumierten Alkohols und die Häufigkeit seines Konsums zu regulieren. Damit ein Alkoholiker erfolgreich mit dem Trinken aufhören kann, darf er nie wieder ein anderes alkoholisches Getränk zu sich nehmen, nicht einen einzigen Tropfen. Dies allein kann schon eine gewaltige Aufgabe sein.

Die Änderung einer Gewohnheit erfordert harte Arbeit, und das Trinken ist eine Gewohnheit. Viele Menschen haben keinen Erfolg, wenn sie sich zum ersten Mal entscheiden, mit dem Trinken aufzuhören, weil das Trinken nicht nur eine schlechte Angewohnheit ist. Alkohol verursacht körperliche Veränderungen im Körper, die ebenfalls angegangen werden müssen, wenn das Aufhören erfolgreich sein soll. Misserfolge sind häufig, aber sie sind nicht das Ende. Lernen Sie aus dem Misserfolg und versuchen Sie es noch einmal. Jeder Versuch wird ein weiterer Schritt zum Ziel sein. Und wenn eine Methode des Aufhörens nicht funktioniert, dann versuchen Sie es mit einer anderen Methode.

Für jemanden, der mit dem Alkoholkonsum aufhört, ist eine persönliche Entscheidung erforderlich. Niemand kann entscheiden, dass eine andere Person mit dem Trinken aufhören soll. Selbst wenn der Alkoholiker minderjährig ist, wird er nicht aufhören, zu trinken, nur weil es ihm gesagt wird. Liebe wird niemanden dazu bringen, mit dem Trinken aufzuhören. Auch Drohungen, Tränen, Versprechungen oder gar das Überlassen des Alkoholkonsums an sich selbst nicht. Der Alkoholiker muss die

Entscheidung treffen, denn der Weg zur Nüchternheit ist hauptsächlich ein Solo-Trip.

Der Alkoholiker wird erst dann vollständig mit dem Trinken aufhören, wenn er in der Lage ist zu akzeptieren, dass er ein Problem hat und sich ändern will. Der Alkoholiker kümmert sich nicht um verlorene Arbeit oder verlorene Familie. Er wird seine Sorgen einfach in einem anderen Getränk ertränken. Es ist ihnen egal, ob ihre Freunde sie verlassen, weil ihr einziger wahrer Freund, die Flasche, noch da ist. Die Flasche sagt ihnen nie, dass sie ein Versager sind. Die Flasche sagt ihnen nie, dass die Beziehung vorbei ist oder dass sie hier nicht mehr willkommen sind. Die Flasche liebt sie.

Ein Alkoholiker ist erst dann wirklich bereit, aufzuhören, wenn er den Boden erreicht hat, was auch immer sein persönlicher Boden ist. Die endgültige Tiefe des Versagens ist bei jedem Menschen anders, und jeder Mensch muss diese Tiefe erreichen, damit er nicht tiefer sinken kann. Er muss all seine verdrehten Vorstellungen davon aufgeben, die Dinge auf seine Weise zu tun, und bereit sein, Hilfe von außen anzunehmen, um diese Sucht einzudämmen. Denn obwohl der Weg zur Nüchternheit ein meist persönlicher Weg ist, wird er die Hilfe von außen erfordern. Und der Alkoholiker muss bereit sein, diese Hilfe anzunehmen, um erfolgreich zu sein. Und sie sind die einzigen, die diese Entscheidung treffen können.

Wenn die Entscheidung zum Aufhören getroffen wurde, ist das der erste Schritt zum Erfolg. Sagen Sie es allen. Machen Sie sich keine Sorgen darüber, was passieren könnte, wenn dieses Ziel nicht erreicht wird. Vielleicht ist es nicht erfolgreich, aber das ist kein Grund, es nicht zu versuchen. Sagen Sie Freunden und Familienmitgliedern, dass der Plan ist, mit dem Trinken aufzuhören. Erklären Sie, warum die Entscheidung getroffen wurde. Die Menschen müssen wissen und verstehen, warum sich persönliche Gewohnheiten plötzlich geändert haben, warum Ausflüge in die örtliche Bar oder Einladungen zum Ausgehen plötzlich abgelehnt werden. Dann können die Menschen aufhören, diese verlockenden Einladungen auszusprechen. Und jeder kleine Erfolg kann mit allen geteilt werden.

Kapitel 4: Entscheidung, mit dem Trinken aufzuhören, und seine Vorteile

Alkohol ist überall. Genau wie das Essen ist er ein Gegenstand, den man oft bei Familienfesten, gesellschaftlichen Ereignissen und bei jeder Art von Feierlichkeiten findet, die man sich vorstellen kann. Viele Menschen benutzen Alkohol, um mit den Ereignissen des Lebens fertig zu werden. Man trinkt, um die Ankunft neuer Babys und den Tod geliebter Menschen zu feiern. Alkohol wird verwendet, um Erfolge zu feiern und um Misserfolge zu betrauern. Und vergessen Sie nicht die Happy Hour und das Wochenende.

Am besten wird es anfangs sein, alle Orte zu meiden, an denen in der Vergangenheit schon einmal getrunken wurde. Dies wird auch eine persönliche Entscheidung für den Alkoholiker sein, die er treffen muss. Die bevorzugten Trinkorte sind für jeden Menschen unterschiedlich. Es könnte die örtliche Bar sein. Es könnte ein bevorzugtes lokales Restaurant sein. Es wird notwendig sein, die Quiz-Nacht oder die Bowling-Liga zu vermeiden, wenn dies Gelegenheiten zum Trinken sind. Jeder Ort, der jemals ein Ort war, an dem man Alkohol konsumieren kann, muss jetzt sorgfältig gemieden werden, um mögliche Versuchungen zu vermeiden. Am Anfang ist die Willenskraft zu schwach, um einfach nur zu denken, es sei in Ordnung, an vertraute Orte zu gehen und nicht zu trinken.

Suchen Sie nach den Gewohnheiten der Vergangenheit, um die besonderen Zeiten zu erkennen, in denen das Trinken eher im Mittelpunkt stand. Ist die Happy Hour ein Problem? Ist ein flüssiges Mittagessen eine Gewohnheit? Ist es eine regelmäßige Praxis, am Freitag- oder Samstagabend nach der Arbeit in die Bar zu gehen? Schreiben Sie alle Zeiten auf, in denen das Trinken eine normale Praxis wäre. Dies ist besonders wichtig, um diese Zeiten vermeide zu können. Das Trinken zu einer bestimmten Zeit ist eine weitere Gewohnheit, die aufgegeben werden muss.

Und räumen Sie auf jeden Fall all die kleinen Alkoholverstecke und das Haus aus. Suchen Sie überall dort, wo Alkohol versteckt sein könnte. Bitten Sie andere um Hilfe bei der Suche, falls nötig. Es wird wichtig sein, alle Spuren von Alkohol aus dem Haus zu entfernen, bevor Sie das Haus verlassen.

Auch hier ist das Trinken eine Gewohnheit, die körperliche Veränderungen verursacht. Aufgrund der körperlichen Veränderungen kann es schwieriger sein, mit dem Trinken aufzuhören als andere schlechte Gewohnheiten zu beenden. Alkohol ist eine Substanz, die durch die Aktivierung der Rezeptoren im Gehirn, die Freude bereiten, süchtig macht. Jedes Mal, wenn diese Rezeptoren aktiviert werden und Lustsignale aussenden, wird es immer schwieriger, Lustsignale von diesen Rezeptoren zu erhalten. Deshalb ist es so schwierig, die Sucht zu durchbrechen, weil sie sich im Laufe der Zeit zu einem so starken Niveau entwickelt hat.

Um mit dem Trinken aufzuhören, muss man also nicht nur eine geistige Entscheidung treffen, sondern auch dem Körper helfen, diese Entscheidung körperlich zu unterstützen. Der Körper wird so stark wie möglich sein müssen, um diesen Kampf zu führen. Nach längerem Trinken ist der Körper wahrscheinlich unterernährt und hat einen großen Bedarf an wichtigen Nährstoffen. Beginnen Sie mit häufigen kleinen Mahlzeiten aus gesunden, nahrhaften Lebensmitteln. Proteine, Obst und Gemüse werden zu neuen besten Freunden. Versuchen Sie, sich von Snacks fernzuhalten. Diese Nahrungsmittel werden nicht das Maß an Nahrung liefern, das der Körper im Moment braucht, und das

Gehirn könnte sie mit dem Trinken in Verbindung bringen und anfangen, Heißhunger auszustrahlen.

Es könnte hilfreich sein, sich vor dem Aufhören zu bemühen, so viel Stress aus dem Alltag wie möglich zu entfernen. Das Leben selbst ist stressig, und mit dem Trinken aufzuhören ist noch stressiger. Wenn dieser Stress beseitigt werden kann, erhöht dies die Erfolgschancen erheblich. Richten Sie, wenn möglich, eine direkte Einzahlung und eine automatische Rechnungsbegleichung ein. Dann gibt es eine Sorge weniger, und die Rechnungen werden garantiert pünktlich bezahlt. Machen Sie wöchentliche Menüs und bereiten Sie so viel Essen wie möglich im Voraus vor. Machen Sie Platz im Schrank, um die Kleiderauswahl für eine Woche aufzustellen, so dass Sie nur noch das Tagesoutfit nehmen und sich anziehen müssen. Wählen Sie einen Sportkameraden und stellen Sie einen Trainingsplan auf. Alle Änderungen, die frühzeitig vorgenommen werden können, werden dazu dienen, einen Großteil der alltäglichen Entscheidungsfindung abzuschaffen und sich auf das Nicht-Trinken zu konzentrieren.

Bereiten Sie sich darauf vor, die körperlichen Symptome zu akzeptieren, die mit dem Verzicht auf das Trinken einhergehen. Diese sind vielfältig und können Depressionen, übermäßiges Schwitzen, Schlafprobleme, Zittern, Unwohlsein, Stimmungsschwankungen und eine Zunahme von Angstgefühlen umfassen. Dies sind die so genannten Entzugserscheinungen, die von einigen Tagen bis zu einigen Wochen anhalten können. Es hängt nur davon ab, wie lange die Person schon zu viel getrunken hat.

Und denken Sie daran, dass dies ein lebenslanger Kampf ist. Diese Reise hat kein Ende. Deshalb nennt man Menschen, die mit dem Trinken aufgehört haben, genesende Alkoholiker. Die

Alkoholsucht ist etwas, von dem man sich immer wieder erholt. Es wird nie vorbei sein. Es gibt keine Heilung.

Aber es gibt viele Vorteile, wenn man mit dem Trinken aufhört. Dazu gehören körperliche, geistige und emotionale Vorteile, aber auch ein Lebensstil und finanzielle Veränderungen.

Neben den offensichtlichen gesundheitlichen Veränderungen - klarere Haut und Augen, Stoppen von Schäden an Herz und Leber - gibt es noch andere gesundheitliche Veränderungen, die nicht oft mit dem Trinken in Verbindung gebracht werden. Neben der Verursachung von Gesichtsröte kann übermäßiger Alkoholkonsum Hautirritationen wie Akne und Ekzeme verursachen. Die Kopfschmerzen, die regelmäßig nach einer Trinknacht auftreten, werden der Vergangenheit angehören. Die dunklen Ringe unter den Augen werden allmählich verschwinden. Der Schlaf wird leichter, tiefer und erholsamer werden. Übermäßiger Alkoholkonsum führt zu Störungen im Sexualleben, so dass die Aufgabe des Trinkens definitiv zu einer Verbesserung führt.

Der übermäßige Alkoholkonsum wird zu einer Zunahme von Angst und Depressionen führen, auch wenn sich die Menschen oft an den Alkohol wenden, um mit Angst- und Depressionsgefühlen fertig zu werden. Sobald eine Person mit dem Trinken aufhört, werden diese Gefühle allmählich wieder auf ein Niveau zurückkehren, auf dem sie leichter bewältigt werden können. Die Stimmungsschwankungen werden allmählich abnehmen. Menschen, die mit dem Trinken aufgehört haben, stellen fest, dass sie ihre alltäglichen Emotionen besser unter Kontrolle haben. Zugegeben, sie müssen neben dem Trinken noch andere Wege lernen, mit den Emotionen umzugehen, aber dies wird zu einem insgesamt besseren Selbstwertgefühl führen.

Menschen, die mit dem Trinken aufgehört haben, stellen schließlich fest, dass ihr Geist klarer ist und ihre Gedanken leichter werden. Sie vergessen weniger Dinge, als sie es beim Trinken getan haben. Sie sind besser in der Lage, sich auf die wichtigen Dinge im Leben zu konzentrieren. Nüchterne Menschen sind in der Lage, sich auf den Grund hinter den Dingen zu konzentrieren und nicht alles emotional zu betrachten.

Neben der Alkoholabhängigkeit gibt es noch andere wichtige gesundheitliche Auswirkungen, mit denen man sich beschäftigen muss. Selbst wenn übermäßiger Alkoholkonsum die Gesundheit derzeit nicht beeinträchtigt, kann er zu Krankheiten führen, die erst Jahre später auftreten. Einige der Schäden an wichtigen Organen können möglicherweise nicht geheilt oder rückgängig gemacht werden. Strukturelle Veränderungen im Gehirn können verbessert werden. Das Aufhören mit dem Trinken kann auch dazu beitragen, die Auswirkungen des Alkohols auf die Aufmerksamkeitsspanne, das Gedächtnis und die Denkfähigkeit umzukehren, was sich alles negativ auf den Alkohol auswirkt.

Die Entscheidung, mit dem Trinken aufzuhören, muss eine rein persönliche Entscheidung aus rein persönlichen Gründen sein. Niemand ist über Nacht zum Alkoholiker geworden, und niemand kann hoffen, dass es ihm über Nacht besser geht. Es erfordert harte Arbeit und Disziplin. Es wird fast sicher notwendig sein, um Hilfe von außen zu bitten; in der Tat ist es manchmal so, dass die Genesung umso besser ist, je mehr Hilfe man hat. Der Weg wird nicht leicht sein, und es wird mit Sicherheit scheitern. Aber die Belohnungen sind zu groß, um sie zu ignorieren.

Kapitel 5: Die beste Methode, mit dem Trinken aufzuhören.

Jeder, der ernsthaft glaubt, dass er ein schwerwiegendes Alkoholproblem haben könnte, hat dieses wahrscheinlich auch. Anstatt diese Frage zu stellen, sollten Sie also fragen, ob das Trinken ein Problem mit der Freude am täglichen Leben darstellt. Fragen Sie genau, welche Auswirkungen Alkohol auf die Aufrechterhaltung von Beziehungen hat. Diese Fragen werden Einblicke in die Probleme geben, mit denen man derzeit konfrontiert ist. Niemand sollte jemals das eigene Niveau und den eigenen Stil des Alkoholkonsums mit dem anderer Menschen vergleichen. Jede Sucht ist persönlich, so wie jede Reise zur Nüchternheit persönlich sein wird.

Wenn die Entscheidung getroffen wurde, mit dem Trinken aufzuhören, ist es wichtig, alle Gründe aufzulisten, die es gibt, um mit dem Trinken aufzuhören und sie zu akzeptieren. Kein Problem kann richtig angegangen werden, wenn es nicht als das akzeptiert wird, was es ist. Akzeptieren Sie, dass eine Alkoholabhängigkeit besteht und überwunden werden muss, um ein längeres, erfüllteres Leben zu führen.

Wie kann man also mit dem Trinken aufhören? Nun, die offensichtliche Antwort ist, mit dem Kauf alkoholischer Getränke aufzuhören und nie wieder einen Tropfen von irgendetwas Alkohol zu trinken. Das ist im Grunde das, was passiert, wenn jemand mit dem Trinken aufhört. Aber viele verschiedene Methoden können erfolgreich eingesetzt werden, um jemandem zu helfen, die Schmerzen des Alkoholismus zu besiegen.

Eine Methode, die viele Menschen ausprobieren, und noch mehr denken daran, es zu versuchen, ist eine allmähliche Verringerung der konsumierten Alkoholmenge. Die Anwendung dieser Methode wird die Möglichkeit, an alkoholbedingten Entzugserscheinungen zu leiden, stark verringern. Einige der Symptome, die mit dem plötzlichen Aufhören des Alkoholkonsums einhergehen, sind Schlafstörungen, übermäßiges Schwitzen, Zittern, Kopfschmerzen, Angst und Depression. Die Idee hinter dem allmählich abnehmenden Konsum ist es, diese Symptome hoffentlich zu mindern oder zu beseitigen. Diese Symptome können unter Umständen recht schwerwiegend sein, so dass der Versuch, mit dem Trinken aufzuhören oder zumindest ohne ärztliche Hilfe selbstständig zu reduzieren, die Abschwächung der Symptome zu einer besseren Option machen würde.

Der einfachste Weg, den Alkoholkonsum zu reduzieren, ist die Reduzierung der tatsächlich täglich konsumierten alkoholischen Getränke. Dieses System ist einfach genug zu befolgen. Wenn die normale Anzahl der täglich eingenommenen Getränke zehn beträgt, dann reduzieren Sie diese Zahl für eine Weile auf acht. Wie lange es dauern wird, bis man sich auf dem reduzierten Niveau normaler fühlt, hängt vor allem davon ab, wie viele Entzugserscheinungen auftreten und wie schwerwiegend sie sind. Es kann mehrere Tage dauern, bis die Entzugssymptome verschwinden. Dann sollten Sie die Anzahl der Getränke wieder reduzieren.

Andere Methoden des Abschwächens sind z.B. die Verlängerung der Zeit zwischen den einzelnen Getränken. Wenn ein Getränk pro Stunde normal ist, dann trinken Sie alle zwei Stunden ein Getränk. Manche Menschen halten sich vielleicht an den Zeitplan für ein Getränk pro Stunde, aber jedes andere Getränk ist Wasser oder ein Sportgetränk. Manche Menschen werden das Getränk für jede weitere Stunde mit einem alkoholischen Getränk abwechseln, dessen Geschmack sie nicht mögen, mit der Vorstellung, dass sie kein Getränk trinken, das sie nicht mögen.

Das Auslaufen ist kein ewiger Prozess. Es muss ein Enddatum haben. Bevor man also mit einem System zur Verringerung des Alkoholkonsums beginnt, ist es am wichtigsten, einen genauen Zeitplan für das Auslaufen festzulegen und ein Datum zu bestimmen, an dem der Alkoholkonsum vollständig eingestellt wird. Und das Abschwellen wird nicht für jeden mit einer Alkoholabhängigkeit funktionieren. Die Verringerung der konsumierten Alkoholmenge funktioniert einfach nicht bei allen, und sie ist bei weitem nicht so wirksam wie bei anderen Substanzen, um mit dem Alkohol aufzuhören. Das Abnehmen funktioniert einfach besser mit Nikotin oder verschreibungspflichtigen Medikamenten. Diejenigen, die mit dieser Methode scheitern, sind in der Regel Langzeittrinker oder solche, die als starke Trinker angesehen werden können. Auch bei Menschen, denen es an einer Art externem Unterstützungssystem fehlt oder die ständig von den Auslösern umgeben sind, die zur

Alkoholabhängigkeit geführt haben, ist sie in der Regel nicht erfolgreich.

Eine Entgiftung zu Hause ist nicht die beste Methode, um die Alkoholabhängigkeit zu besiegen. Sie kann nur für diejenigen erfolgreich sein, die nicht lange genug getrunken haben, um eine starke Sucht zu entwickeln. Es ist eine preiswertere Option und kann bei denjenigen Menschen funktionieren, die noch nicht mit den negativen Auswirkungen der Alkoholabhängigkeit zu kämpfen haben.

Einige Medikamente sind für die Behandlung von Alkoholabhängigkeit zugelassen. Eines dieser Medikamente ist Disulfiram, das auch als Antabuse bekannt ist. Es war das erste Medikament, das von der FDA für die Verwendung bei Personen mit Alkoholabhängigkeit zugelassen wurde. Antabuse verändert die Chemie im Körper, so dass Menschen gewalttätig krank werden, wenn sie ein alkoholisches Getränk trinken. Es wirkt bei Menschen, die motiviert sind, es regelmäßig einzunehmen. Das Problem ist, dass Menschen Schwierigkeiten haben können, ein Medikament einzunehmen, von dem sie wissen, dass es die Symptome eines wirklich schrecklichen Kater-Schwitzens, Erbrechens und Kopfschmerzen verursacht. Aber es wirkt, wenn es täglich eingenommen wird. Es könnte auch für Menschen geeignet sein, die nur das Bedürfnis haben, ein Medikament einzunehmen, um Zeiten entgegenzuwirken, in denen sie versucht sind, rückfällig zu werden.

Ein weiteres Medikament, das zur Behandlung von Alkoholsucht eingesetzt werden könnte, ist die Droge Naltrexon. Diese Droge wirkt, indem sie die guten Gefühle, die mit dem Trinken einhergehen, unterdrückt. Die Menschen können also trinken, wenn sie Naltrexon einnehmen, und sie fühlen sich betrunken, aber sie werden keine der guten Gefühle empfinden, die im Allgemeinen mit dem Trinken verbunden sind. Dieses Medikament kann auch helfen, das Verlangen nach Alkohol in Schach zu halten. Wenn der Alkoholiker daran denkt, zu trinken, sendet das Gehirn normalerweise ein Gefühl der Freude aus. Mit Naltrexon werden diese Gefühle unterdrückt. Dieses Medikament wirkt im Allgemeinen am besten bei jemandem, der bereits mit dem Trinken aufgehört hat.

Acamprosat, auch bekannt als Campral, ist wirksam bei der Linderung der Entzugserscheinungen, die mit dem Aufhören des Trinkens einhergehen. Da die Entzugssymptome nach dem Aufhören mit dem Trinken viele Monate anhalten können, kann dieses Medikament ein wichtiger Teil der Genesung sein. Der größte Nachteil von Campral ist die Dosierungsmenge. In der Regel sind zwei Pillen drei- oder viermal täglich einzunehmen. Dies würde bei jemandem, der sich nicht an die Einnahme der Pillen erinnern kann oder die regelmäßige Einnahme von Pillen nicht mag, nicht funktionieren.

Da es Alkohol seit Anbeginn der Zeit gibt, gibt es auch die Alkoholsucht schon so lange. Vor den letzten hundert Jahren gab es nur eine Möglichkeit, mit dem Trinken aufzuhören, und das war der "kalte Entzug", d.h. der sofortige völlige Verzicht auf jede Form von Alkohol, ohne dass die Wirkung von Medikamenten oder die Verjüngung des Alkoholkonsums eintreten würde. Kalter Entzug ist auch heute noch in Gebrauch. Aber die Aufgabe des Trinkens von kaltem Entzug sollte niemals ohne die Aufsicht eines Arztes versucht werden. Viele Alkoholiker, die mit dem Trinken aufhören, werden unter schweren Entzugserscheinungen leiden, einschließlich schwerer Krampfanfälle und Verwirrtheit in schwerem Ausmaß. Diese Menschen können auch unter Herzrhythmusstörungen und gefährlich hohem Fieber leiden.

Menschen, die über einen längeren Zeitraum übermäßig viel getrunken haben, sind eher von den schwersten Entzugserscheinungen betroffen. Bedenken Sie auch, dass Menschen, die schon lange alkoholabhängig sind, am ehesten unterernährt sind und möglicherweise nicht über die Energiereserven verfügen, um die Entzugserscheinungen wirksam zu bekämpfen. Und schwere Dehydrierung kann Menschen betreffen, die sich vom Alkoholmissbrauch zurückziehen. Dies kann zu einem massiven Ungleichgewicht der Elektrolyte im Körper führen, das zu extremer Verwirrung und einer Fehlfunktion der Nerven und ihrer Reaktionen führen kann.

Die vielleicht am weitesten verbreitete Methode, mit dem Trinken aufzuhören, ist die Anwendung von Rehabilitation und Entgiftung. Dies geschieht während einer stationären Behandlung in einer medizinischen Einrichtung. Diese Methode kann zeitaufwendig und teuer sein, aber sie ist vielleicht die einzige Methode, die bei Menschen mit einer tief verwurzelten Sucht wirklich funktioniert. Der Grad der Betreuung hängt stark vom Grad der Abhängigkeit ab.

Die Aufnahme in ein Behandlungszentrum für Alkoholabhängigkeit ist eine völlig freiwillige Entscheidung. Die Aufnahme einer Behandlung kann zwar als Teil eines Gerichtsurteils obligatorisch sein, ist aber dennoch hauptsächlich eine freiwillige Entscheidung. Der Alkoholiker muss sich entscheiden, sich in Behandlung zu begeben. Rehabilitationszentren (Reha-Zentren) sind nicht mit einem Gefängnis vergleichbar. Es gibt keine Schlösser an den Türen. Der Patient kann jederzeit gehen, wann immer er möchte. Es gibt eine Hausordnung, und eine dieser Regeln ist, dass der fortgesetzte Alkohol- und/oder Drogenkonsum nicht toleriert wird.

Einige Reha-Einrichtungen bieten Entgiftungsdienste an, und andere verlangen, dass die Entgiftung vor dem Betreten der Einrichtung durchgeführt wird. Entgiftung oder Entgiftung bezieht sich auf den Prozess der Reinigung des Körpers von seinem unmittelbaren Bedarf an regelmäßigem Alkoholkonsum. Die Entgiftung ist der erste Schritt in der Behandlung der Alkoholabhängigkeit. Dies ist der Zeitpunkt, an dem der Alkohol vollständig aus dem Körper gespült wird. Zu diesem Zeitpunkt beginnen auch die Entzugserscheinungen. Wenn der Körper weniger Alkohol zu sich nimmt, werden die negativen Auswirkungen des Aufhörens einsetzen. Diese Symptome hören im Allgemeinen innerhalb der ersten ein bis zwei Wochen auf, können aber je nach dem Grad der Abhängigkeit schneller enden oder viel länger anhalten. Diese Symptome führen oft dazu, dass die Menschen Angst haben, mit dem Trinken aufzuhören, weil sie diese Symptome befürchten. Deshalb sollte die Entgiftung unter der Obhut eines Arztes und möglicherweise in einem Behandlungszentrum durchgeführt werden.

Sobald die schlimmsten Symptome der Entgiftung vorbei sind, ist der Alkoholiker bereit, eine Behandlungseinrichtung zu betreten. Diese Einrichtungen sind Wohneinrichtungen, d.h. die Person wird dort für die Dauer der ersten Behandlungsperiode wohnen. Die Behandlung wird in mehrere Phasen unterteilt, wobei die erste Phase, die intensivste, stationär durchgeführt wird. Die Gestaltung der Reha-Einrichtungen variiert von strikter Unterbringung im Boot-Camp-Stil bis hin zu etwas, das eher einem Fünf-Sterne-Hotel ähnelt. Der Unterschied hängt davon ab, wie viel Geld der Patient ausgeben kann und welche Art von Behandlung er persönlich bevorzugt. Denken Sie daran, dass die Schönheit oder das Fehlen einer solchen Einrichtung fast nichts damit zu tun hat, wie erfolgreich sie jemanden nüchtern machen und halten können.

Alle Reha-Zentren haben eine gemeinsame Eigenschaft: einen schwerwiegenden Mangel an persönlicher Privatsphäre. Der Patient bringt seine eigene Kleidung und Toilettenartikel mit, aber bei der Ankunft wird seine Tasche auf versteckte Alkoholquellen untersucht. Persönliche Mobiltelefone, Laptops und Tabletten sind normalerweise nicht erlaubt. Es gibt mindestens zwei Wochen lang keinen Kontakt mit der Außenwelt. Die Idee ist, einen vollständigen Bruch mit der Welt zu machen, in der der Alkoholiker nicht funktionieren könnte, und seinen Geist für die Möglichkeit einer anderen Lebensweise zu öffnen.

Die grundlegende Komponente aller Reha-Zentren ist die Bildung. Während der Prozess von Einrichtung zu Einrichtung unterschiedlich verläuft, geht es darum, die Menschen dazu zu bringen, eine realistischere und ehrlichere Sichtweise ihrer persönlichen Sucht zu entwickeln. Sie werden auch daran arbeiten, den Patienten dabei zu unterstützen, die Art und Weise, wie sie den Alkoholkonsum betrachten, sorgfältig zu untersuchen. In den ersten Tagen der Reha wird die große Mehrheit der Alkoholiker immer noch ein gewisses Maß an Verleugnung darüber beibehalten, wie ernst ihr Problem wirklich ist. Sie können sich auch nicht sicher sein, dass sie wirklich ein Problem haben. Sie leugnen vielleicht, dass es ein Problem gibt, und bestehen darauf, dass sie nicht in die Reha gehören.

Der Unterricht in der Reha-Klinik wird sich auf den Alkoholismus und seine negativen Auswirkungen konzentrieren. Eines der schwierigsten Dinge für Alkoholiker ist es zu akzeptieren, dass sie an einer Krankheit leiden. Es fällt den Menschen schwer zu glauben, dass etwas, das als gesellschaftlich akzeptierte Aktivität begann, sich in eine Krankheit verwandelt hat. Und ein großer Teil des Problems bei der Behandlung von Alkoholabhängigkeit besteht darin, dass Personen mit Alkoholabhängigkeit zwar für ihre Handlungen verantwortlich gemacht werden, sie aber in der Regel nicht in der Lage sind, der Kraft des Alkohols zu widerstehen, die sie dazu bringt, sich so zu verhalten, wie sie es tun. Der Patient wird also lernen, wie er den psychischen Auswirkungen des Alkohols entgegenwirken kann. Er wird auch Zeit damit verbringen, zu lernen, welche Konsequenzen sich für ihn ergeben, wenn er weiterhin Alkohol konsumiert.

Bei der Rehabilitation werden Gruppentherapie und Einzelberatung eingesetzt. Die Gruppentherapie hängt stark von der Fähigkeit des Einzelnen ab, über seine Probleme in der Öffentlichkeit zu sprechen. Während der Grund, warum sie in der Reha sind, wahrscheinlich ähnlich ist wie der Grund, warum alle anderen dort sind, wird jeder Patient eine deutlich andere Vorgeschichte haben. Der Weg eines jeden zur Alkoholabhängigkeit ist anders, ebenso wie der Weg eines jeden zur Nüchternheit ganz anders sein wird. Der Zweck der Gruppentherapie ist ein doppelter: Auf Unehrlichkeit hinweisen und denen helfen, die wirklich Erfolg haben wollen. Die Gruppen in der Gruppentherapie bestehen normalerweise aus Patienten in verschiedenen Stadien der Genesung und vielleicht sogar aus einigen, die bereits eine stationäre Therapie absolviert haben. Sie werden schnell darauf hinweisen, wenn ein Süchtiger nicht ganz ehrlich über die Art seiner Sucht ist. Menschen, die nicht ehrlich über ihre Sucht sprechen können, können unmöglich hoffen, dass sie wieder gesund werden. Die Gruppenmitglieder sind auch durchaus bereit, denen zu helfen, die wirklich Hilfe wollen. Und die Patienten lernen, Hilfe von anderen anzunehmen, die schon einmal gegangen sind.

Auch Einzelberatung kann Teil des Programms sein. Einige Einzelpersonen werden sehr von der Möglichkeit profitieren,

Einzelgespräche mit einem persönlichen Berater zu führen. Der Patient hat vielleicht das Gefühl, dass einige Probleme zu intensiv sind, um sie in der Gruppentherapie zu behandeln, oder er hat eine Reihe von tief vergrabenen Problemen, die die anleitende Hilfe eines persönlichen Therapeuten benötigen. Die individuellen Beratungssitzungen können manchmal auch Familienmitglieder einschließen. Dies ist besonders wichtig, da der Patient ohne die Hilfe und Anleitung von engen Familienmitgliedern und Freunden keine sinnvolle Genesung erfährt. Und die meisten Reha-Programme erfordern die Teilnahme von Familienmitgliedern an den Beratungssitzungen außer denen mit dem Patienten.

Ein durchschnittlicher Tag in einer Reha-Einrichtung beginnt mit dem frühen Aufwachen für ein herzhaftes, gesundes Frühstück im Speisesaal des Patienten. Die Mahlzeiten werden nicht wie in einem Krankenhaus im Zimmer serviert. Dann gibt es Meditationsgruppen, Beratungsgruppen, Yoga oder einige körperliche Aktivitäten. Nach der Rückkehr in den Speisesaal zum Mittagessen wird es weitere Beratungen geben, wobei der Schwerpunkt auf Gruppen- oder Familiensitzungen liegt. Am späten Nachmittag kann es mehr körperliche Aktivität geben, immer eine Gruppenaktivität, wie z.B. gemeinsames Wandern auf einem Wanderweg oder die Teilnahme an einer Sportart. Dann, nach einem gesunden Abendessen, ist es Zeit zum Duschen und Schlafen. Der gesamte Zeitplan ist so gestaltet, dass der Patient einen hochgradig strukturierten Zeitplan erhält, vor allem, damit er lernt, wieder Struktur in sein tägliches Leben zu bringen, und damit er lernt, Anweisungen von anderen anzunehmen. Dies ist besonders wichtig für die Zeit nach der stationären Reha.

Der stationäre Teil dauert in der Regel vier bis acht Wochen, je nach Einrichtung und dem Umfang der Behandlung, die der Patient benötigt, obwohl einige Intensivprogramme bis zu einem

Jahr dauern können. Während der stationären Phase lernt der Patient viele Dinge über seine Sucht. Er wird auch gelernt haben, Anweisungen von anderen bezüglich seiner Sucht anzunehmen und wird gelernt haben, wie man auf die Hilfe anderer angewiesen ist, um seine Sucht zu besiegen. Sie werden gelernt haben, um Hilfe zu bitten, wenn sie sie brauchen. Dies ist besonders wichtig für die nächste Phase der Betreuung, in der sie wieder in der Welt sind und sich auf ambulante Pläne verlassen müssen.

Nach Abschluss des stationären Teils des Rehabilitationsprozesses ist der Patient bereit, die Einrichtung zu verlassen und eine ambulante Therapie zu beginnen. Dieser Teil des Programms ist besonders kritisch, und hier scheitern viele, zumindest beim ersten Versuch, weil sie ohne fachliche Anleitung wieder in der realen Welt sind. Niemand sagt ihnen, wann sie frühstücken, ihr Bett machen oder zu einem Gruppentreffen gehen sollen. Jetzt beginnt der Alkoholiker, das Leben ohne die Alkoholkrücke wirklich zu verstehen. Hoffentlich sind Familie und Freunde da, um ihn zu unterstützen, aber die meiste Last fällt dem Alkoholiker auf. Und genau deshalb konzentriert sich die Reha so stark darauf, dass der Patient an Aktivitäten teilnimmt und in der Gruppe spricht, ob er will oder nicht. In der Außenwelt muss der Patient in der Lage sein, um Hilfe zu bitten, wenn er sie braucht.

Ganz gleich, welche Methode zur Beendigung des Alkoholkonsums angewendet wird, eine Form der Beratung wird Teil des Prozesses sein. Das kann bedeuten, dass der Patient weiterhin einen Berater für eine Einzel- und/oder Gruppensitzung aufsucht. Für die Familie des Alkoholikers wird es eine getrennte Familienberatung geben, und es wird eine Gruppenberatung mit dem Alkoholiker und der betroffenen Familie geben.

Der Berater, der alkoholabhängigen Personen hilft, wird wissen, dass der Genesungsprozess bei jedem Menschen anders verläuft. Jeder Patient ist ein einzigartiges Individuum, das einen speziell auf dieses Individuum zugeschnittenen Behandlungsplan benötigt. In den ersten Monaten nach der Behandlung im Reha-Zentrum werden die Treffen mit dem Berater häufig sein, bei Bedarf bis zu vier oder fünf pro Woche. Diese Treffen sind wichtig, um dem genesenden Alkoholiker zu helfen, auf dem richtigen Weg zu bleiben. Und der Berater oder ein vertrauenswürdiger Kollege wird immer telefonisch erreichbar sein, wenn ein starker Drang während einer Zeit außerhalb der Sitzung aufkommt.

Der Alkoholberater wird die persönlichen Kämpfe des Patienten mit dem Alkohol eingehend untersuchen, und es ist wichtig, dass der Patient nichts auslässt. Je mehr Informationen der Berater hat, desto besser wird der Behandlungsplan sein. Der Berater wird einen Plan für die individuelle Genesung des Patienten aufstellen, eine Art Zeitplan mit Meilensteinen, die der Berater zu erreichen hofft. Sie werden die Dinge, die den Patienten dazu veranlasst haben, überhaupt den Komfort des Alkohols zu suchen, sehr ausführlich besprechen. Denn schließlich ist Alkohol ein Trost, ein Bewältigungsmechanismus, und dem Alkoholiker muss beigebracht werden, wie er denselben Trost auch ohne Alkohol finden kann. Der Berater wird auch regelmässig den Fortschritt beurteilen und kann den Behandlungsplan bei Bedarf umorganisieren.

Eine Genesung ist nicht unmöglich, aber es ist ein lebenslanger Prozess, der strenge Aufmerksamkeit und viel harte Arbeit erfordert. Aber sobald Abstinenz zu einer Lebensweise wird, sind die persönlichen Belohnungen endlos.

Kapitel 6: Töten Sie die Gelüste

Wenn der Alkoholiker einmal ein Leben in Nüchternheit begonnen hat, sollte es keinen Alkoholkonsum mehr geben, niemals. Denken Sie daran, dass sich ein Alkoholiker immer in der Genesung befindet, und schon ein einziges Getränk kann eine Person wieder in den Alkoholismus zurückführen. Deshalb ist es wichtig, sich für immer vom Trinken abzuhalten.

Leider besteht das Verlangen nach Alkohol immer noch. Ein Verlangen ist ein starker geistiger oder körperlicher Drang, etwas zu essen oder zu trinken. Ein Verlangen zieht die Gedanken einer Person nur in eine Richtung, und der Schwerpunkt liegt auf dieser Sache, die konsumiert werden muss. Wenn der Alkoholiker diesem Verlangen nach Alkohol nachgibt, ist er wieder da, wo er angefangen hat.

Dieses Verlangen oder diese Triebe sind normalerweise mit ein wenig Planung und Aufwand kontrollierbar. Mit der Zeit wird der

Drang allmählich nachlassen. Das liegt daran, dass neue Informationswege im Gehirn angelegt wurden. Während früher das Verlangen eine Botschaft an den Körper schickte, um ihm zu sagen, dass er trinken soll, sendet der Körper jetzt, wenn das Verlangen auf ihn trifft, die verwirrende Botschaft zurück, dass er etwas anderes tun wird als Alkohol zu trinken. Zuerst wird der Verstand ziemlich verwirrt sein. Aber mit der Zeit werden diese alten Wege geschlossen und durch neue Wege ersetzt, und der Drang zu trinken wird allmählich nachlassen.

Es gibt zwei Arten von Ereignissen, die den Drang zum Trinken auslösen können. Diese werden als "Auslöser" bezeichnet. Die äußeren Auslöser kommen aus dem Alltag und den Dingen, Orten, Menschen und Ereignissen, die die Außenwelt ausmachen. Die andere Art von Auslöser ist intern und kann für den genesenden Alkoholiker verwirrender und daher schwieriger zu kontrollieren sein.

Auslöser, die durch äußere Ereignisse verursacht werden, können manchmal relativ leicht zu kontrollieren sein. Wenn die tägliche Happy Hour früher eine Zeit des Trinkens war, dann wird die Happy Hour kein zukünftiges Ziel sein. Wenn die Wochenendgrills mit Bier überfüllt waren, dann muss das Bier im Laden gelassen werden. Der Trick besteht darin, den Geist entweder so umzuprogrammieren, dass er bestimmte Ereignisse alkoholfrei genießen kann, oder diese Ereignisse ganz zu vermeiden. Manchmal verursachen Menschen einen Auslöser. Der Chef ist unvernünftig, ein kurzer Schluck ist also angebracht. Das kann der Zeitpunkt sein, an dem man sich entscheiden muss, ob der Chef unvernünftig ist oder ob das Problem wirklich intern ist. Wenn Freunde auf eine Kneipentour gehen wollen, ist die Antwort sicherlich "nein". Dies wird wahrscheinlich eine Änderung alter

Gewohnheiten und den Verlust alter Freunde bedeuten, aber es ist für den Genesungsprozess von entscheidender Bedeutung.

Auslöser, die von innen kommen, können schwieriger herauszufinden sein, weil es kein offensichtliches Ereignis gibt, dem man die Schuld zuschreiben könnte. Der Drang, etwas zu trinken, scheint einfach aus dem Nichts aufzutauchen. Der genesende Alkoholiker wird diese Triebe sehr genau untersuchen müssen, vielleicht mit Hilfe seines Beraters, um festzustellen, was genau den Drang zum Trinken ausgelöst hat. Wenn der Alkoholiker zum Beispiel vor dem Trinken die Schmerzen eines Kopfschmerzes linderte, dann kann ein Kopfschmerz, der durch zu viel Zeit in der Sonne verursacht wurde, einen Drang zum Trinken auslösen. Dies ist die Zeit, in der der Alkoholiker völlig ehrlich zu sich selbst ist und nichts übersieht, egal wie banal es auch erscheinen mag.

Der Berater wird für jene Zeiten zur Verfügung stehen, in denen ein Verlangen nicht ignoriert werden kann. Und es wird andere Gruppen geben, die dem Alkoholiker auf dem Weg der Genesung helfen.

Es könnte auch helfen, sich auf etwas einzulassen, was die Person früher gerne tat, oder etwas Neues zu lernen. Dies könnte ein guter Zeitpunkt sein, um wieder eine Verbindung zur Liebe zur Kunst oder zum Führen eines Tagebuchs herzustellen. Ein Tagebuch ist eine besonders gute Idee, weil der Patient alles aufschreiben kann, was er denkt oder fühlt, und es ist völlig privat, bis er sich entscheidet, es zu teilen. Vielleicht hat die Person früher Volleyball oder am Wochenende im Park der Nachbarschaft Basketball gespielt. Machen Sie sich wieder an die Aktivitäten, die einst das Glück zum Leben brachten. Vielleicht ist es an der Zeit, etwas Neues auszuprobieren. Bei der Genesung geht es darum, aus alten

Gewohnheiten auszubrechen und neue zu bilden. Vielleicht ist es an der Zeit, den Gesellschaftstanz oder die Dichterlesung auszuprobieren. Vielleicht ist auch eine neue, risikoreiche Fähigkeit angebracht. Da sich Alkoholiker nach dem Rausch sehnen, den der Alkohol mit sich bringt, könnte man diesen Rausch vielleicht anderswo finden, vielleicht beim Skifahren oder beim Boxen.

Die Möglichkeiten sind endlos. Wichtig ist die Erkenntnis, dass dies der Weg zu einem neuen, sinnvolleren Leben ist und das Drehbuch noch nicht geschrieben wurde. Diese Lebensphase kann alles sein, was sich der genesende Alkoholiker wünscht, und jetzt ist es an der Zeit, diese Gelegenheit zu nutzen.

Kapitel 7: Gedanken und Denkweise ändern

Jetzt ist die Zeit für eine ganz neue Denkweise gekommen. Denken Sie daran, dass es hier darum geht, das Leben neu zu beginnen. Die Vergangenheit ist vorbei, weil sie ohnehin nicht mehr verändert werden kann. Es ist jetzt Zeit, nach vorne zu schauen und zu glauben, dass jeder Tag ein neuer Tag ist und dass eine Genesung möglich ist.

Der Beginn dieser neuen Lebensphase erfordert eine Neueinstellung der Prozesse im Geist. Denken Sie daran, dass sich Gewohnheiten herausbilden, wenn der Geist als Reaktion auf einen konstanten Reiz eine Nervenbahn zu einem bestimmten Punkt legt. Ein einfaches Beispiel ist das Lernen, einen Pfannkuchen in der Pfanne zu wenden. Indem die Flosse unter den Pfannkuchen gelegt und das Handgelenk gedreht wird, sollte der Pfannkuchen zum Kochen auf die andere Seite umgedreht werden. Aber dies könnte am Anfang nicht passieren. Die Nervenbahn ist nicht gelegt. Im Laufe des Trainings wird die Nervenbahn stärker, bis sie endgültig gelegt ist. Wenn die Flosse also unter den Pfannkuchen geschoben wird, ist dies der Reiz, der zu einem Punkt im Gehirn wandert, der eine Nachricht sendet, die dem Handgelenk sagt, dass es sich auf eine bestimmte Art und Weise drehen soll, um den Pfannkuchen in der Pfanne umzudrehen. Es klingt kompliziert, aber das ist es, was der Verstand täglich tut, und der Verstand ist sehr gut darin.

Die Aktivitäten und Verhaltensweisen, die der Patient nach der Reha ausführt, sind sehr ähnlich. Wenn eine Routine oft geübt wird, entwickelt der Geist sehr tiefe Pfade, die von einer dünnen Isolierschicht umgeben sind. Dadurch kann sich das Signal schneller und leichter ausbreiten. Und so wie die gegenwärtigen Gewohnheiten leicht auszuführen sind, werden neue Aktivitäten und Verhaltensweisen schließlich zu Gewohnheiten werden.

Der Verstand ist ein mächtiges Werkzeug auf dem Weg zur Nüchternheit. Der erste Schritt zur Schaffung neuer geistiger Pfade ist die Anerkennung der Existenz der alten Pfade. Achten Sie besonders auf negative Gedanken, die geistige Blockaden auf dem Weg zur Genesung verursachen. Wandeln Sie negative Gedanken in positive um. Sie haben dieses neue Leben verdient. Sie sind stark genug, um dieses Ziel zu erreichen. Sie werden nüchtern bleiben. Am Anfang kann der Verstand versuchen, diese Gedanken zu negieren. Es ist so ähnlich wie der gute Engel und der böse Engel, die auf der Schulter sitzen. Lassen Sie den bösen Engel nicht gewinnen.

Der genesende Alkoholiker könnte gezwungen sein, neue Orte zu finden, wo der Alkohol keine Versuchung darstellt. Offensichtlich ist die Bar jetzt tabu, weil die Versuchung zu groß sein wird. Selbst wenn man durch die Tür geht und den Alkohol im Schwebedunst riecht, reicht das als Auslöser aus, um das Trinken wieder in Gang zu bringen. Aber was ist mit anderen Orten, an denen Alkohol ausgeschenkt werden könnte? Wenn die Funktion zu Hause stattfindet, dann machen Sie sie alkoholfrei. Sie können in Ihrem eigenen Haus tun, was Sie wollen. Servieren Sie keinen Alkohol, und machen Sie während des Einladungsprozesses deutlich, dass kein Alkohol auf dem Gelände erlaubt ist. Das Haus ist ein persönlicher Schutzraum und sollte sicher aufbewahrt werden. Aber denken Sie an Veranstaltungen wie Konzerte und Sportveranstaltungen, bei denen Alkohol ausgeschenkt wird. Wenn der Weg zum Sitzplatz an einem anderen Ort als direkt an den Alkoholverkäufern vorbei geführt werden kann, wäre das eine gute Sache. Vielleicht ist es geplant, zuerst zu dem Sitzplatz zu gehen und jemand anderen für Erfrischungen gehen zu lassen. Wenn es keine praktikable Option gibt, dann könnte es notwendig sein, diese Veranstaltungen zu vermeiden, zumindest am Anfang, wenn der Widerstand noch schwach ist.

Leider wird der genesende Alkoholiker wahrscheinlich gezwungen sein, eine neue Gruppe von Freunden zu finden. Die alten Freunde, die immer noch auf Kneipentouren und Wochenendbesuche gehen, werden diesen neuen nüchternen Lebensstil nicht verstehen. Das Zusammensein mit ihnen erhöht nur den Drang zu trinken und die Möglichkeit, dass es zu einem Rückfall kommen kann. So sehr es am Anfang auch wehtun mag, es ist vielleicht besser, sie zurückzulassen. Aber verwandeln Sie dies in ein positives Gefühl, indem Sie an die Belohnungen denken, die dieser neue Lebensstil bietet. Alkohol ist nicht nur eine Sache der Vergangenheit, die eine ganz neue Zukunft eröffnet, sondern es gibt auch noch so viele neue Menschen zu entdecken. Ob diese neuen Freunde aus dem Reha-Zentrum, der Gruppentherapie, der Kirche, aus geplanten Treffen oder aus neuen Hobbys kommen, die Möglichkeiten sind endlos. Die Chance, so viele neue Freunde zu finden, wird das Leben aufregend und neu machen.

Kapitel 8: Sanierungsplan

Einer der wichtigsten Bestandteile der Alkoholrückgewinnung ist ein Plan, der diese Rückgewinnung erleichtert. Kein Ziel wird jemals ohne einen Plan erreicht. Der Schlüssel ist das Wissen, was als nächstes zu tun ist, so dass wenig bis gar kein Raum für Fehler bleibt, wenn der Alkoholiker wieder in die reale Welt außerhalb der Reha eintritt. Dieser Plan wird Ziele und Aktivitäten enthalten, die dem genesenden Alkoholiker eine Anleitung zur Bewältigung der Außenwelt geben.

Der Genesungsplan muss von dem genesenden Alkoholiker aufgestellt werden, weil es sein Plan ist. Er ist für sie persönlich. Er wird alles auflisten, was sie wissen und tun müssen, um den Weg zur Genesung zu beschreiten und auf dem richtigen Weg zu bleiben.

Ein wichtiger Teil des Plans wird die Dinge umfassen, die den Alkoholiker sich besser fühlen lassen, die Dinge, die zu einem Gefühl des Wohlbefindens führen. Dies sind einfache Dinge, Ereignisse, die nicht komplizierter sind als ruhige Zeit zu Hause, Bewegung, Zeit mit der Familie, Spaziergänge im Park, Lesen oder das Einweichen in der Badewanne. Die Liste wird aus einfachen, kostenlosen Aktivitäten bestehen, die ohne große Reisen oder Komplexität durchgeführt werden können. Dies sind die Dinge, durch die sich die Person innerlich wohl fühlt, und diese Aktivitäten werden die alten Aktivitäten ersetzen, die zum Trinken führten. Gehen Sie diese Dinge mindestens täglich durch, öfter, wenn dies dazu beiträgt, den Weg zur Nüchternheit leichter zu gehen. Diese Aktivitäten werden positive Gedanken hervorrufen, die dazu beitragen, die negativen Gedanken, die zu übermäßigem Alkoholkonsum geführt haben, auszulöschen.

Machen Sie eine Liste der bekannten Auslöser. Machen Sie diese Liste so umfassend wie möglich. Die meisten Alkoholiker kennen die Ereignisse, die das Verlangen nach Alkohol auslösen. Seien Sie brutal ehrlich. Wenn das fröhliche Schreien der Kinder während des Spielens ein Auslöser ist, dann schreiben Sie das auf, dann kann man es ansprechen und nach Bedarf handeln. Der Schlüssel ist, alles aufzulisten. Hier wird der Alkoholiker die Dinge entdecken, die das Verlangen nach Alkohol auslösen, so dass ein Plan aufgestellt werden kann, um diese Ereignisse entweder zu vermeiden oder sie zu beheben, wenn sie sich nicht ganz vermeiden lassen. Der Gang in die örtliche Bar kann vermieden werden. Stress bei der Arbeit lässt sich nicht vermeiden.

Der Alkoholiker muss seine eigenen persönlichen Warnzeichen kennen und auflisten, dass das Verlangen den gesunden Menschenverstand zu übernehmen droht. Nur wenn man diese Auslöser erkennt, kann man hoffen, sich dagegen zu wehren. Auch hier gilt: Schreiben Sie sie auf und seien Sie brutal ehrlich. Sie können nicht behoben werden, wenn sie nicht bekannt sind. Wenn die Isolation von anderen Menschen ein Gefühl des Verlangens hervorruft, dann werden vielleicht regelmäßige Ausflüge in den Park, eine kulturelle Veranstaltung oder sogar in die Kirche dazu führen, dass sich die Person weniger isoliert und mehr als Teil der Gesellschaft fühlt. Wenn Reizbarkeit oder Wut das Verlangen nach Alkohol auslöst, muss ein neuer Bewältigungsmechanismus gefunden werden, da es fast unmöglich ist, durchs Leben zu gehen und niemals wütend oder gereizt zu sein. Vielleicht würde die Strategie hier ein paar Minuten stiller Meditation oder einen zügigen Spaziergang um den Block umfassen. Welche Bewältigungsstrategien auch immer gewählt werden, sie müssen persönlich und umsetzbar sein. Und wenn eine bestimmte Strategie nicht funktioniert, dann ändern Sie sie.

Und da im Leben eines jeden Menschen größere Krisen auftreten werden, muss ein Plan vorhanden sein, der dem genesenden Alkoholiker bei der Bewältigung von Krisen hilft. Diese lassen sich in zwei Kategorien einteilen: diejenigen, die der Einzelne mit der Hilfe eines anderen bewältigen kann, und diejenigen, bei denen der Einzelne völlig die Kontrolle verloren hat.

Wenn es sich um ein Problem handelt, das der Alkoholiker mit Hilfe bewältigen kann, dann stehen ihm zahlreiche Ressourcen zur Verfügung. Es geht dann einfach darum, Hilfe zu suchen. Sicherlich sollte sich der Alkoholiker an Familienmitglieder wenden können, um ihnen bei der Bewältigung eines intensiven Verlangens oder eines wichtigen Lebensereignisses zu helfen. Manchmal ist eine größere Hilfe erforderlich. Das wäre der Zeitpunkt, an dem sich eine Person an ihren persönlichen Berater wendet, um mit ihm zu sprechen, während sie versucht, damit fertig zu werden. Möglicherweise haben sie den Kontakt zu anderen Patienten aus dem Reha-Zentrum aufrecht erhalten. Wenn das der Fall ist, dann ist jetzt der Zeitpunkt, sie anzurufen. Sie verstehen besser als jeder andere den Kampf, dem der Alkoholiker ausgesetzt ist, und wären gut gerüstet, um ihnen zu helfen, damit fertig zu werden. Ein Kumpel aus einer Selbsthilfegruppe ist eine weitere Möglichkeit. Sie haben die Aufgabe, ihrem Partner auf dem Weg zur Nüchternheit zu helfen, so wie ihnen jemand die gleiche Art von Hilfe zukommen lässt.

Es kann Zeiten geben, in denen der genesende Alkoholiker über die private Hilfe hinausgeht und an einen Fachmann verwiesen werden muss. Ein Rückfall in den Alkoholkonsum ist sicherlich einer dieser Momente, aber es gibt auch andere, die nicht mit dem eigentlichen Trinken zusammenhängen. Die Person kann wegen eines Vorfalls extrem erregt oder gewalttätig geworden sein und muss möglicherweise zum Arzt oder zu einer medizinischen Einrichtung gebracht werden. Es ist wichtig, die Möglichkeit dieser Verhaltensweisen zu erkennen, bevor sie geschehen, und zu entscheiden, an welchem Punkt ein Eingreifen von außen erforderlich ist.

Sobald dieser Plan festgelegt ist, nehmen Sie sich jeden Tag einige Minuten Zeit, um den Plan zu überdenken und über die Erfolge des Tages nachzudenken. Erkennen Sie kleine Misserfolge an, aber halten Sie sich nicht damit auf. Eines der Ziele ist es, negative Gedanken durch positive Gedanken zu ersetzen, also versuchen Sie, diese Aktivität so positiv wie möglich zu gestalten.

Entscheiden Sie, ob die Sucht das größte Problem ist oder ob andere Probleme im Leben größer sind. Es kann sein, dass das Trinken das einzige große Problem im Leben ist. Manche Menschen trinken einfach zu viel, um zu viel zu trinken. Sie versuchen nicht, grundlegende Probleme zu verdecken oder das Leben zu bewältigen; sie trinken einfach zu viel, weil es zum Trinken da ist. Diese Menschen müssen sich hauptsächlich darauf konzentrieren, die Einnahme des nächsten Getränks zu vermeiden. Aber die meisten Menschen trinken, weil sie mit dem Leben zurechtkommen müssen. Diese Menschen müssen sich darauf konzentrieren, wie sie mit den Ereignissen und Problemen umgehen können, die im Alltag auftreten und die dazu führen können, dass die Person wieder zu viel trinken möchte.

Denken Sie daran, dass das Verlangen kontrolliert werden kann. Das Verlangen ist nichts anderes als eine Botschaft, die das Gehirn als Reaktion auf einen bestimmten Reiz aussendet. Verlangen dauert nicht ewig. Das Verlangen wird eine Person nicht töten, auch wenn es sich zu diesem Zeitpunkt so anfühlen mag. Und das Verlangen kann niemanden dazu bringen, etwas zu tun, was er nicht tun will. Die Wahl liegt bei dem Einzelnen.

Seien Sie bereit, sich auf einen lebenslangen Marathon einzulassen. Dies ist kein schnelles Rennen. Es wird ewig dauern, zumindest so lange wie die Ewigkeit eines Menschen. Ein Alkoholiker, der nicht mehr trinkt, erholt sich, erholt sich immer. Es gibt kein Heilmittel gegen Alkoholismus.

Es gibt äussere Kräfte, die dem genesenden Alkoholiker auf dem Weg der Genesung helfen können. Jeder, der schon einmal eine Alkoholabhängigkeit hatte und diese erfolgreich überwinden konnte, wird empfehlen, eine oder mehrere dieser Möglichkeiten zu nutzen, um das Ziel der Nüchternheit zu erreichen.
Natürlich muss die totale Abstinenz beachtet werden. Der genesende Alkoholiker darf nie wieder trinken, wenn er sich weiter erholen will. Schon ein Tropfen Alkohol würde ausreichen, um einen Rückfall in das geistlose Trinken auszulösen. Sie dürfen keinen Alkohol im Haus haben oder an Orte gehen, an denen Alkohol ausgeschenkt wird. Dies ist besonders wichtig in der Anfangszeit, wenn die Willenskraft schwach ist.

Nach dem Verlassen des Rehabilitationszentrums besteht immer die Möglichkeit der Rückkehr. Besonders am Anfang haben manche Menschen das Bedürfnis nach einer Auffrischung oder sie haben das Gefühl, die Reha-Einrichtung zu verlassen, bevor sie wirklich bereit sind. Gegen diese Entscheidung ist nichts einzuwenden. Wichtig ist, dass alles getan wird, was getan werden muss, um dem Süchtigen bei der Genesung zu helfen.

Eine kontinuierliche Beratung ist sehr wichtig. Die Durchbrüche, die während der Reha geschehen sind, müssen fortgesetzt werden. Es muss mehr an den Auslösern und Sehnsüchten sowie an den Zielen und Erfolgen gearbeitet werden. Dieser Weg ist nicht zu Ende, er ist lebenslang.

Übersehen Sie nie die Macht des Kumpelsystems. Einen Kumpel zu haben ist für den Alkoholiker entscheidend für die Genesung. Der Kumpel ist die einzige Person, die der Süchtige anrufen kann und die immer ans Telefon geht, Tag und Nacht. Das Leben als nüchterner Mensch ist schwierig. Ein Kumpel ist jemand, der von der Selbsthilfegruppe eingerichtet wurde, um persönlich für die Nüchternheit einer anderen Person verantwortlich zu sein. Dieser Kumpel muss gezeigt haben, dass er schon eine ganze Weile nüchtern ist und sich wohl fühlt, wenn er einem anderen hilft, nüchtern zu werden. Dieser Sponsor ist dafür verantwortlich, alles zu tun, um einer anderen Person zu helfen, keinen Alkohol zu trinken. Er muss immer mit gutem Beispiel vorangehen und seinen Kumpel dazu ermutigen, so viele Dinge wie möglich zu tun. Sie führen ihren Sponsee durch die Anforderungen der Gruppe und was er tun muss, um in der Nüchternheit erfolgreich zu sein. Und, was vielleicht am wichtigsten ist, sie gehen immer dann ans Telefon, wenn ihr Sponsee anruft und Hilfe braucht, um dieses potenziell tödliche Verlangen zu überwinden.

Keine Diskussion über die Genesung der Alkoholsucht wäre vollständig, ohne die Anonymen Alkoholiker (AA) zu erwähnen. AA wurde vor vielen Jahren von zwei Männern gegründet, die eine strukturierte Methode zur Beendigung des Alkoholkonsums anwenden wollten. Das Programm basierte auf der Nutzung von spirituellem Wachstum zur Charakterentwicklung. Eine Möglichkeit, einen guten Charakter zu entwickeln, war der Verzicht auf das Trinken. Sie entwickelten auch das Programm der zwölf Schritte, die den Praktizierenden zum ultimativen Ziel der Nüchternheit führen.

Die Politik, die vorgeschriebenen Schritte zu befolgen, ist für den Erfolg in der AA entscheidend. Diese Schritte sind notwendig, um einen möglichen Erfolg zu gewährleisten. Der Süchtige muss in der

Lage sein zu akzeptieren, dass er keine Macht über den Alkohol hat, aber dass er viel Macht über ihn hat. Sie müssen an eine Art höhere Macht ihrer Wahl glauben und ihr Leben der Kontrolle dieser höheren Macht überlassen. Sie müssen zugeben können, dass sie Fehler gemacht haben, und sich ihre Fehler eingestehen können. Sie müssen bereit sein, die Menschen, die zu ihrer Sucht beigetragen haben, zu konfrontieren und sich bei denen zu entschuldigen, die sie mit ihren Handlungen verletzt haben. Und sie müssen den Prozess kontinuierlich durcharbeiten, da sich der Weg zum Ziel ändert, weil sich das Leben verändert.

Die einzige Voraussetzung für die Teilnahme an einem AA-Treffen ist der innige Wunsch, ein nüchternes Leben zu führen. AA akzeptiert jeden, ob reich oder arm, unabhängig von Rasse, Glauben, Religion, Herkunft oder allem anderen, was jemanden aus einer Gruppe ausschließen könnte. In Gruppentreffen werden nur Vornamen verwendet. Das hilft den Menschen, das Gefühl zu haben, dass sie über ihre Vergangenheit völlig offen und ehrlich sprechen können, ohne zu viele identifizierende Informationen preiszugeben. Und es gibt keine Altersbeschränkung für Gruppentreffen, da Alkoholismus in jedem Alter zuschlagen kann. Ein Treffen pro Woche ist ein absolutes Minimum; die Menschen werden ermutigt, wenn immer möglich an mehreren Treffen pro Woche teilzunehmen. Und jeder wird ermutigt, eine Gruppe von Hausversammlungen zu haben, in die er regelmäßig geht, aber es ist leicht, eine Gruppe zu finden, der man fast überall beitreten kann, wo der Süchtige vielleicht geschäftlich oder privat unterwegs ist. Die Idee dabei ist, dass es immer eine Gruppe gibt, die für Hilfe zur Verfügung steht. Und gerade während eines AA-Treffens würde man einen Sponsor zugewiesen bekommen, diesen Kumpel, der immer dann ans Telefon geht, wenn sie anrufen.

Neben den AA gibt es die Gruppen Al-anon und Alateen. Al-anon ist eine Gruppe für die Freunde und Familien von genesenden Alkoholikern. Alkoholismus ist nie eine private Krankheit. Er betrifft jeden, mit dem der Alkoholiker in Kontakt kommt. Al-anon ist ein Ort, an den diese Menschen gehen können, um zu lernen, wie sie damit umgehen können, wie sie helfen können und wie sie vergeben können. Alateen tut fast dasselbe, aber es ist speziell für kleine Kinder und Jugendliche gedacht, deren Leben von jemandem, der trinkt, beeinträchtigt wurde, unabhängig davon, ob diese Person gerade in ihrem Leben ist oder nicht. Der alkoholkranke Elternteil könnte immer noch in der Wohnung anwesend sein. Der alkoholkranke Elternteil könnte wegen des Alkoholismus ein abwesendes Elternteil sein. So oder so wird die Gruppe bei Bedarf Unterstützung leisten. Beide Gruppen bieten die gleiche Art von Unterstützung an, die man bei AA findet.

Sich auf eine gute Genesung vorzubereiten ist ein wichtiger Schritt auf dem Weg zur Genesung. Die Person, die die Alkoholabhängigkeit allein hinter sich lassen kann, ist die seltene Person. Die meisten Menschen werden auf vielen Ebenen Hilfe benötigen, bevor sie überhaupt anfangen können, zu überlegen, dass Nüchternheit eine lebensfähige Lebensweise sein könnte. Es ist nichts falsch und alles richtig, wenn man um Hilfe bitten kann, wenn sie gebraucht wird. Denken Sie daran, dass dies eine Reise ist und dass jeder irgendwo auf diesem Weg Hilfe braucht. Greifen Sie einfach die Hand aus und bitten Sie darum.

Kapitel 9: Die Rolle anderer Menschen im Leben des genesenden Alkoholikers

Die Abhängigkeit von irgendeiner Substanz wird jeden in der Umgebung des Süchtigen betreffen. Es fällt den Menschen schwer zu glauben, dass jemand einen betrunkenen Stumpfsinn einem Leben in Nüchternheit vorziehen würde. Denken Sie daran, dass Alkoholismus eine Krankheit ist und als solche behandelt werden muss. Jemand, der einen Herzinfarkt oder einen Schlaganfall hat, wird möglicherweise eine lange Genesungszeit haben und Unterstützung benötigen. Dasselbe gilt für den Alkoholiker.

Jede Familiengruppe hat einen Gleichgewichtspunkt. Das ist der Punkt, an dem die Familie am besten funktioniert. Das ist vielleicht nicht unbedingt eine gute Funktion, aber so funktioniert die Familie in diesem Haus. Jede Familie ist anders, und die Familie des Alkoholikers bildet keine Ausnahme von dieser Regel.

Das erste Problem, mit dem die Familie konfrontiert sein könnte, nachdem der Alkoholiker mit dem Trinken aufgehört hat, ist eine Verschiebung des Gleichgewichts. Das Familienleben wurde um die Betreuung des Süchtigen herum geregelt, und nun ist diese Rücksichtnahme aufgehoben. Es kann das Leben, wie es die Familie kennt, völlig durcheinander bringen und einen großen Balanceakt erfordern, um wieder zur Normalität zurückzukehren. Denken Sie daran, dass dies nicht die Wörterbuchdefinition von normal ist, sondern das, was für die Familie normal ist.

Stellen Sie sich vor, der Vater sei ein wütender Alkoholiker. Die Familie hat gelernt, auf Zehenspitzen zu gehen, wenn der Vater zu Hause ist. Es wird kein unnötiger Lärm im Haus gemacht. Kinder verschwinden in der Regel, entweder in ihre Zimmer oder irgendwo außerhalb, um dem Zorn des Vaters zu entgehen. Die

Mutter könnte über Probleme der Kinder lügen, damit sie nicht den Zorn des Vaters auf sich zieht und die Kinder nicht leiden. Wenn Papa plötzlich nüchtern wird und nicht mehr wahnsinnig ist, ist das Gleichgewicht der Familie gestört. Papa möchte jetzt vielleicht eine Beziehung zu genau den Kindern haben, die er so oft verängstigt hat. Mama weiß vielleicht nicht, wie und wann sie die Aktivitäten der Kinder mit Papa teilen soll, weil sie fürchtet, dass er wieder aus der Haut fahren könnte. Die Familie muss wieder ins Gleichgewicht kommen.

Angenommen, die Mutter ist die Alkoholikerin. Mama ist nicht in der Lage, etwas von dem zu tun, was Mama normalerweise tut, weil sie ständig trinkt oder betrunken ist. Papa und möglicherweise ältere Kinder übernehmen die Verantwortung für das Kochen, Putzen und die Pflege. Nehmen wir an, Mama wird sauber und kommt nach Hause, um ihr Mami Leben wieder aufzunehmen. Möglicherweise ist sie dazu nicht in der Lage, weil sie so lange nichts von all diesen Dingen getan hat. Die Kinder wenden sich nun an den Vater oder die älteren Geschwister für alles, was sie brauchen, weil man Mama nicht trauen kann, ihnen zu helfen. Die Familie muss wieder ins Gleichgewicht kommen.

Welche Rolle die Menschen auch immer in der Familie spielen, sie müssen damit rechnen, dass diese neue Nüchternheit zu Veränderungen in der Familiendynamik führen wird. Mit der Zeit werden diese Veränderungen gut sein, die dazu dienen werden, die Familieneinheit zu stärken. Um diesen Punkt zu erreichen, wird eine gewisse Anpassung erforderlich sein, aber es ist nicht unmöglich.

Kapitel 10: Die Gefahren eines Rückfalls

Langfristige Nüchternheit ist ein erreichbares Ziel, mit der richtigen Art von Arbeit. Leider ist das Niveau der Unterstützung, das in den ersten Tagen zur Verfügung steht, nicht das gleiche Niveau der Unterstützung, das für den Rest des Lebens des Süchtigen zur Verfügung stehen wird. Letztendlich geht man davon aus, dass die Person, die sich erholt, ein gewisses Selbstwertgefühl und Selbstvertrauen erreicht hat und in der Lage sein wird, sich mit minimaler Unterstützung auf ihrem Weg zu begleiten. Dies ist vielleicht nicht bei allen der Fall. Manche Menschen genießen eine lehrbuchmäßige Genesung und haben selten Probleme, aber diese Menschen sind sehr wenige und weit voneinander entfernt. Die meisten Menschen sind recht menschlich und gewöhnen sich an ein gewisses Maß an Aufmerksamkeit, während sie sich erholen. Wenn diese Aufmerksamkeit weggenommen wird, können sie anfangen zu schwanken.

Einige spezifische Anzeichen deuten darauf hin, dass ein Rückfall bevorstehen könnte. Das Verlangen kann wieder zunehmen. Es kann der Gedanke aufkommen, "nur einen Drink" zu nehmen, um eine schwierige Phase zu überstehen. Der genesende Alkoholiker könnte sich verlassen fühlen oder in seiner Genesung an einer Stelle stecken bleiben. Gefühle von Depression und Angst können wiederkehren, schlimmer als je zuvor. Der Süchtige könnte beginnen, seine wahren Gefühle zugunsten der Erhaltung des Friedens zu verleugnen. Er kann beginnen, ein abnormes Interesse an anderen potenziell schädlichen Verhaltensweisen wie Glücksspiel, Überarbeitung, Überernährung oder sexuellen Erfahrungen zu haben. Diese neuen Interessen können zu einer Sucht an sich werden. Es handelt sich um psychische Reaktionen auf einen möglichen Rückfall, die vor dem Rückfall auftreten.

Als nächstes wären die körperlichen Reaktionen zu nennen, die den Rückfall wahrscheinlicher machen. Der körperliche Teil ist gefährlicher, weil er eine tatsächliche Exposition gegenüber genau der Substanz beinhalten kann, die das Problem überhaupt erst verursacht hat. Dazu kann auch die Langeweile mit der aktuellen Situation gehören oder die Befürchtung, dass im Bedarfsfall keine Unterstützung zur Verfügung steht. Es ist auch ein schlechtes Zeichen, wenn man übermäßig viel Zeit damit verbringt, über Alkohol zu reden. Es könnte ein tatsächliches Gefühl körperlicher Schmerzen bestehen, das den Süchtigen an das Trinken denken lässt. Es könnte eine Zunahme negativer Emotionen wie Angst, Traurigkeit und Einsamkeit geben. In dieser Zeit in der Nähe von Alkohol zu sein, wäre besonders gefährlich.

Auch hier sollte sich der Süchtige nie davor fürchten, um Hilfe zu bitten. Nur weil die Ressourcen nicht mehr schweben, heisst das nicht, dass sie nicht mehr verfügbar sind. Der Sponsor ist zu jeder Tages- und Nachtzeit noch verfügbar. Die Mitglieder der Gruppe sind immer noch da und bereit zu helfen. Der Berater hat immer noch ein Büro und ist immer noch bereit, zuzuhören. Wenn der Süchtige wieder etwas von seiner Kraft zurückgewinnt, könnte dies ein guter Zeitpunkt sein, um eine Patenschaft zu erwägen. Jemandem anderen auf dem Weg zur Nüchternheit zu helfen, ist eine wunderbare Möglichkeit, die eigenen Überzeugungen in den eigenen Fähigkeiten zu erneuern.

Kapitel 11: Vergnügen ohne Kater

Die Entscheidung ist also gefallen, und der Alkohol ist zurückgelassen worden. Der Süchtige hat die Rehabilitation durchlaufen. Die vielen Beratungsgespräche sind zu einem gelegentlichen Besuch geworden. Neue Freunde wurden gefunden. Leider sind einige alte Freunde auf dem Weg verloren gegangen, aber im Prozess der Alkoholrehabilitation passiert das manchmal. Die alten Treffpunkte sind jetzt tabu. Die Familie ist wieder zusammen, und alle scheinen die neue Dynamik zu genießen. Die Arbeit war noch nie besser. Und was ist jetzt?

Jetzt ist es an der Zeit, zu lernen, das Leben zu genießen, ohne dass die Flasche wie eine große Glasschlinge um den Hals hängt. Alles hat sich jetzt geändert, das meiste zum Besseren, und es wird sich weiterhin zum Positiven verändern, solange harte Arbeit und Hingabe angewendet werden. Ein Großteil der anfänglich intensiven Bemühungen, alkoholfrei zu bleiben, hat sich entspannt, und jetzt ist es an der Zeit, mit dem Geschäft der Lebensfreude fortzufahren. Aber wie?

Es gibt ein paar Wahrheiten über Alkohol, die kein Alkoholiker jemals zugeben wird, bis er mit dem Trinken aufgehört hat. Der Alkohol schleicht sich unter dem Deckmantel eines Freundes, eines Helfers, in das Leben eines Menschen ein. Alkohol wird alles besser machen. Der Alkohol lässt alle Schmerzen verschwinden. Alkohol wird alles wieder klar und sonnig machen. Und am Anfang tut er genau das. Der Genuss von Alkohol macht alles größer und lustiger. Mit Alkohol ist das Leben so viel besser.

Dann beginnt der Alkohol seine wahre Farbe zu zeigen, aber der Alkoholiker kann diese nicht sehen, bis er mit dem Trinken aufhört. Erst dann erfährt er die schmutzige Wahrheit über Alkohol.

Alkohol endet mehr Spaß als er beginnt. Wenn man ständig Wege finden muss, um den Alkohol in die Situation zu bringen, verpasst man eine Menge Spaß. Denken Sie an all die Partys, die nie besucht wurden, weil kein Alkohol angeboten wurde. Denken Sie an all die Kinderspiele und Vorträge, die verpasst wurden oder sogar wegen eines weiteren Drinks zu spät kamen. Die Wahrheit ist, dass Partys ohne Alkohol nicht langweilig sind; die Trübheit kommt von den Teilnehmern, die Alkohol brauchen, um sich zu beleben, und die nicht funktionieren können, wenn er nicht vorhanden ist.

Alkohol wird von jedem stehlen, den er findet, um zu stehlen. Dem Alkohol ist das egal. Alkohol ruiniert die Gesundheit einer Person. Je länger jemand trinkt, desto mehr gesundheitliche Probleme wird er haben. Und einige dieser Probleme können nicht geheilt werden, wenn sie in ihrem schlimmsten Stadium sind: Denken Sie an einen Herzinfarkt, einen Schlaganfall und eine tote Leber. Alkohol stiehlt Beziehungen und macht den Alkoholiker zu einer einsamen Person. Der Alkohol stiehlt Zeit, die man besser für etwas anderes verwenden könnte, die aber nun für immer verloren ist. Und Alkohol stiehlt Geld, weil Alkohol im Übermaß sehr teuer ist.

Wenn möglich, sollte der genesende Alkoholiker andere nüchterne Menschen dabei beobachten, wie sie sich betrinken. Sie werden sehen können, wie ihre Freunde sich in triefäugige, unkoordinierte Fremde verwandeln. Sie werden über Dinge lachen, die nicht wirklich lustig sind. Sie werden darauf bestehen, dass sie eine wunderbare Zeit haben, wenn das Lächeln auf ihren Gesichtern nicht ihre Augen erreicht. Und morgen früh werden sie mit trockenem Mund und einem Kater aufwachen und versuchen, sich zu erinnern, was wirklich letzte Nacht passiert ist.

Die wirkliche Wahrheit ist, dass es bei der Umarmung der Nüchternheit nicht so sehr um das Ende eines Lebens geht, sondern eher um den Anfang. Sicherlich muss das Partyleben hinter sich gelassen werden. Aber es ist jetzt so viel mehr vom Leben offen, dass es sich manchmal unglaublich anfühlen kann.

Jetzt ist es an der Zeit, Familienausflüge zu genießen. Denken Sie an all die Schulaufführungen, Vorträge, Familienpicknicks, Ferienessen, Geburtstage, die verpasst wurden, weil entweder kein Alkohol serviert wurde oder der Süchtige bereits zu betrunken war, um daran teilzunehmen. Es gibt keinen Alkohol mehr, der im Weg steht. Genießen Sie die Familie und verbringen Sie etwas Zeit damit, Zäune zu flicken. Es wird sich die Arbeit lohnen.

Wurden bei der Suche nach dem nächsten Getränk irgendwelche Hobbys zurückgelassen? Oder wurden einige nie versucht, weil sie das Trinken beeinträchtigen könnten? Jetzt ist es an der Zeit, den Pinsel und die Staffelei aufzuheben, die auf dem Dachboden verstaubt sind. Das Projektfahrzeug in der Garage, das seit Jahren unter einer Plane wartet, könnte das perfekte Gefäß sein, um sich wieder mit den Kindern zu verbinden. Vielleicht bietet das Gemeindezentrum seit Jahren einen Töpferkurs an, der die Happy Hour direkt behindert hat. Nun, der Alkohol ist jetzt aus dem Spiel, und jetzt ist es an der Zeit, das eine oder andere Hobby zu finden, um das Leben zu bereichern.

Wenn das Schrecklichste passiert ist und das Trinken und Fahren am späten Abend zum Verlust des Führerscheins und der Fahrberechtigung geführt hat, dann ist es jetzt an der Zeit, daran zu arbeiten, sie wieder zu bekommen. Ein genehmigtes Alkoholaufklärungsprogramm ist normalerweise eine Voraussetzung für die Wiedererlangung eines verlorenen Führerscheins. Jemand, der sich bereits auf dem Weg zur Nüchternheit befindet, hat bereits die notwendigen Schritte unternommen, um ein nüchterner Fahrer zu werden, und die Gerichte haben dies bereits getan. Holen Sie sich den Führerschein zurück und gehen Sie wieder in die Welt hinaus.

Nüchternheit wird nicht immer einfach sein. Nie wieder zu trinken wird manchmal die schwierigste Entscheidung sein, die je getroffen wurde. Zwanzig Jahre im freien Fall könnten vergehen, und ein schreckliches Ereignis könnte das Verlangen nach einem Drink auslösen. Dies ist eine lebenslange Reise, die für jeden Lebensbereich so viel wert ist, dass es keinen Sinn macht, den Weg nicht anzutreten. Mit harter Arbeit und Hingabe kann das Ziel der Nüchternheit erreicht werden.

Schlussfolgerung

Danke, dass Sie es bis zum Ende von Alkoholabhängigkeit: Wie man mit dem Trinken aufhört und sich von der Alkoholabhängigkeit erholt, geschafft haben. Wir hoffen, dass es informativ war und Ihnen alle Hilfsmittel zur Verfügung gestellt hat, die Sie benötigen, um Ihre Ziele zu erreichen, was auch immer diese sein mögen.

Der nächste Schritt besteht darin, die persönliche Entscheidung zu treffen, mit dem Trinken aufzuhören und es einfach zu tun. Diese Entscheidung ist schwierig, diese Entscheidung ist beängstigend, aber es ist wahrscheinlich die beste Entscheidung, die Sie je in Ihrem Leben treffen werden. Denn die Entscheidung, mit dem Trinken aufzuhören, wird sich nicht nur auf Ihr Leben, sondern auch auf das Leben Ihrer Freunde und Angehörigen für immer positiv auswirken. Mit dem Trinken aufzuhören ist eine lebenslange Reise, und der beste Zeitpunkt, damit zu beginnen, ist jetzt.

Lightning Source UK Ltd.
Milton Keynes UK
UKHW021119100720
366327UK00012B/1277